COMER, TREINAR, DORMIR

DRª. SAMIRA LAYAUN

COMER, TREINAR, DORMIR

COMO SUPERAR AS DOENÇAS DA VIDA MODERNA

PREFÁCIO
DOUTOR JOAQUIM GRAVA

PRUMO
saudável

Copyright © 2012 Samira Layaun

Todos os direitos reservados. Nenhuma parte desta obra pode ser reproduzida ou transmitida por qualquer forma ou meio eletrônico ou mecânico, inclusive fotocópia, gravação ou sistema de armazenagem e recuperação de informação, sem a permissão escrita do editor.

Direção editorial
Jiro Takahashi

Editora
Luciana Paixão

Editora assistente
Anna Buarque

Preparação de texto
Mariana Varela

Revisão
Marcia Benjamin
Dida Bessana

Capa, projeto gráfico e diagramação
SGuerra Design

Produção e arte
Marcos Gubiotti

Ilustrações de Capa: © Vasiliy Kosyrev / iStockphoto

CIP-Brasil. Catalogação na fonte
Sindicato Nacional dos Editores de Livros, RJ

L455c   Layaun, Samira
           Comer, treinar, dormir : como superar as doenças da vida moderna / Samira Layaun; com prefácio do Doutor Joaquim Grava. - São Paulo: Prumo, 2012.
           224p. : 21 cm

           Inclui bibliografia e índice
           ISBN 978-85-7927-208-8

           1. Saúde. 2. Qualidade de vida. 3. Bem-estar. I. Título.

12-3519.   CDD: 613
                                                        CDU: 613

Direitos desta edição para o Brasil: Editora Prumo Ltda.
Av. Presidente Wilson, 231 – 8º andar
20030-021 – Rio de Janeiro – RJ
Tel.: (21) 3525-2000 – Fax: (21) 3525-2001
contato@editoraprumo.com.br
www.editoraprumo.com.br

Aos meus pais, irmãos, marido e à Priscila.
Ao professor-doutor Sidney Júlio de Faria e Souza.
À professora-doutora Aldaísa Cassanho Forster.
À ilustríssima doutora Maria de Lourdes Salomão, que, infelizmente, não está mais entre nós.

| Agradecimentos

A DEUS, QUE NUNCA NOS DESAMPARA.

À minha mãe que, com fé inabalável, enfrentou as adversidades com coragem e força, sem nunca nos deixar faltar amor, atenção e pão. E pelo apoio e incentivo, sem os quais nada seria possível.

Ao meu falecido pai que, a seu modo, nos deu amor e apoio durante seu curto período de vida, e aos meus queridos irmãos e irmãs por estarem sempre ao meu lado.

Ao meu marido, pelo amor e compreensão com a minha "ausência" durante todo o período em que me dediquei a escrever este livro.

Ao mestre e preceptor prof. dr. Sidney Júlio de Faria e Souza, pela ideia e pelo auxílio inestimável com sugestões, comentários e correções, durante a elaboração deste livro, e à sua esposa Stella Barretto de Faria e Souza.

À mestra e preceptora profa. Dra. Aldaisa Cassanho Forster, pelo apoio incondicional.

Ao pessoal da Editora Prumo (e também ao Júnior e à Salete), pela atenção, gentileza e colaboração inestimáveis para a publicação deste livro.

Ao dr. Joaquim Grava, que, além de grande profissional, é também um grande ser humano. E à Rosi, sua prestativa e atenciosa assistente.

À Priscila, cujo apoio foi fundamental para a concretização deste projeto.

Ao Mário Antonio Salomão, pelo incentivo e confiança em meu trabalho.

Ao Wilmar Alves Cardoso, por ter acreditado e apoiado este projeto.

Aos demais professores da Faculdade de Medicina de Ribeirão Preto – USP e a todos os professores que fizeram parte da minha vida estudantil, especialmente o professor Pasquale Cipro Neto.

Ao Edgard José dos Santos e à CORPORE Brasil, ao WEBRUN, ao prof. Antonio Aparecido Vilar de Araújo, ao Ricardo Capriotti, ao Márcio Bernardes, ao Thomáz Rafael, ao Wilson Elísio da Costa, ao Flávio Rossini, à Valéria Pirolo Konishi, à Walkiria Sampaio, ao Corretor Corredor, ao Jeferson de Albuquerque, à família Santucci, aos meus familiares, amigos, pacientes e a todos aqueles que têm contribuído para a divulgação dessa obra e acreditado na luta por uma sociedade mais saudável.

Aos meus pacientes, com quem aprendo mais a cada dia.

A todos os meus amigos, em especial à "turma da pista de cooper do Ibirapuera" e ao Marcos Vinicius Gagliardi (ultramaratonista), por tudo o que me ensinaram durante esses anos de atletismo.

Ao Dárcio, ao Marcus Vinícius, à Isabel, à Silvana e à Érika, pela atenção, orientação e colaboração.

Aos funcionários da Biblioteca Central da EPM – Unifesp: Vera, Reinaldo, Luis, Roseli, Wesley, Fábio, Jaqueline e Rita, pela paciência que tiveram com os meus intermináveis levantamentos bibliográficos.

A Linn Goldberg, a Diane L. Elliot, e a Walter Michael Bortz II M.D., pelos serviços que têm prestado aos médicos e não médicos.

Aos meus ídolos: The Beatles, Alfred Hitchcok, Quentin Tarantino, Arthur Conan Doyle, J. K. Rowling, Roberto Pompeu de Toledo, Márcio Dederich, Marilson Gomes dos Santos, Ronaldo "Fenômeno" e ao talentoso Clóvis Pereira, pelos impagáveis momentos de prazer que me proporcionam; um verdadeiro antídoto contra o estresse.

Frases

"Não há, nem haverá, nenhum remédio que garanta boa saúde tanto quanto um programa vitalício de exercícios físicos." — Walter Michael Bortz II, médico, professor da Stanford University School of Medicine e atleta, no artigo *Disuse and Aging*, publicado no *Journal of the American Medical Association (JAMA)*. 248(10):1203-1208, 1982.

"Temos certeza de que se os efeitos dos exercícios pudessem ser colocados em frascos seriam a medicação mais receitada no mundo." — Linn Goldberg, médico, e Diane L. Elliot, médica, professores de medicina da Oregon Health Sciences University e diretores do Human Performance Laboratory, no prefácio do livro *Exercise for Prevention and Treatment of Illness*, da própria dupla. Philadelphia: F.A. Davis Company, 1994.

"As pessoas têm enorme dificuldade em perceber a diferença entre saúde e doença [...]" "Não basta achar que, se alguém não tem doença, está bem de saúde [...]" "Para seu perfeito funcionamento o corpo necessita de movimento. [...] O mais incrível é que o movimento melhora a vida das pessoas em todos os aspectos. A pele rejuvenesce porque a pessoa dorme melhor, alimenta-se melhor, o sangue circula melhor, assim como melhora seu desempenho sexual." — Nuno Cobra, educador físico pós-graduado pela Universidade de São Paulo, preparador físico de Ayrton Senna e Abílio Diniz, entre outros, e professor de MBA – USP, no livro *A semente da vitória*, do próprio autor. Senac SP, 2004.

"Estou cada vez mais convencido que a maneira como se vai chegar à velhice depende do uso que se faz do corpo agora. [...] Devemos lembrar que o corpo humano é uma máquina construída para o movimento.[...] enquanto as outras (máquinas) se desgastam, o organismo humano se aprimora com o movimento. [...] se feitas de forma adequada, as corridas somam positivamente na longevidade. Se entregar ao sofá é que não ajuda nada." — Doutor Drauzio Varella, médico e atleta, em entrevista concedida a Marcio Dederich. Revista *Contra Relógio*. Fevereiro, 2007.

"Não há nada no mundo que substitua o efeito duradouro proporcionado pelas mudanças dos hábitos de vida." — Doutor Marco Aurélio Santo, cirurgião gástrico do Hospital das Clínicas de São Paulo, em depoimento à revista *Veja*, edição 2219 de 01/06/11.

"Consistirá a perfeição espiritual na maceração do corpo? [...] Amai, pois, a vossa alma, mas cuidai também do corpo, instrumento da alma; desconhecer as necessidades que lhe são peculiares por força da própria natureza, é desconhecer as leis de Deus." — Trecho contido no livro *O evangelho segundo o espiritismo*, de Allan Kardec.

"Mais vale um pobre sadio e vigoroso que um rico enfraquecido e atacado de doenças. A saúde da alma na santidade e na justiça vale mais que o ouro e a prata. Um corpo robusto vale mais que imensas riquezas. Não há maior riqueza que a saúde do corpo; não há prazer que se iguale à alegria do coração." — Eclesiástico 30, 14-16.

"Ou não sabeis que o vosso corpo é templo do Espírito Santo, que habita em vós, o qual recebestes de Deus e que, por isso mesmo, já não vos pertenceis? Porque fostes comprados por um grande preço. Glorificai, pois, a Deus no vosso corpo [...]"— I Coríntios 6, 19-20.

Sumário

Prefácio	13
Capítulo 1 Introdução	15
Capítulo 2 - Goldberg & Elliot	22
Capítulo 3 - Como superar a obesidade	24
Capítulo 4 - Como superar a hipertensão arterial	38
Capítulo 5 - Como superar o diabetes	45
Capítulo 6 - Como superar o câncer	
Considerações sobre sistema imunológico, radicais livres e antioxidantes	53
Capítulo 7 - Como superar a depressão	63
Capítulo 8 - Como superar o estresse	
Considerações sobre somatização	71
Capítulo 9 - Como superar a osteoporose	
Considerações sobre osteopenia	80
Capítulo 10 - Como superar a dor nas costas	
Considerações sobre hérnia de disco e artrose	92

Capítulo 11 - Como superar as doenças ocupacionais

Lesões por esforço repetitivo (L.E.R.)/ Distúrbios osteomusculares relacionados ao trabalho (D.O.R.T.)   100

Capítulo 12 - Como superar a Síndrome

Pré-Menstrual (SPM)   110

Capítulo 13 - Como superar outras doenças através dos bons hábitos   117

Capítulo 14 - Alimentação e hidratação

Noções sobre alimentação balanceada e hidratação   122

Capítulo 15 - O sono e sua importância para a saúde   129

Capítulo 16 - Açúcar

O que você precisa saber sobre ele, mas nunca pensou em perguntar   135

Capítulo 17 - Gordura e colesterol
Amigos ou inimigos?   149

Capítulo 18 - Álcool

Beber com moderação: uma atitude sem comparação!   153

Capítulo 19 - Como superar o tabagismo   164

Capítulo 20 – Longevidade   178

Capítulo 21 – Corridas de rua

Um universo encantador e enigmático   185

Referências   200

Prefácio

A ATIVIDADE FÍSICA TRAZ INÚMEROS benefícios para a "máquina" que é o ser humano. Os benefícios podem ser físicos, mentais e sociais; muitas vezes, todos juntos. Com ela, também conseguimos prevenir, tratar e reabilitar algumas lesões, às vezes até evitando uma cirurgia.

Dar ao nosso corpo mais oxigênio, maior flexibilidade, mais força e maior resistência faz com que a nossa "máquina" funcione melhor e por mais tempo, economizando energia e poupando o desgaste natural das "peças" que, apesar dos avanços da medicina em se tratando do corpo humano, muitas vezes não têm reposição.

Praticar exercícios não deve ser uma obrigação e, sim, um prazer, portanto cada um deve encontrar a atividade que lhe seja mais agradável e que combine mais com o seu perfil. Seja correr, jogar, saltar, nadar, dançar, esquiar ou mesmo caminhar, o mais importante é que seja bem orientada e praticada regularmente.

A rotina da vida moderna exige do corpo humano a sobrecarga de algumas estruturas e praticamente o desuso de outras tantas, levando a um desequilíbrio funcional e ao aparecimento de lesões. Uma alimentação balanceada, somada à prática de exercícios e ao descanso adequado, formam a tríade que pode tornar a sua vida muito mais leve e saudável; uma vida com equilíbrio.

Comer, treinar, dormir vem com o objetivo de informar e estimular pessoas de todas as idades a praticar exercícios, possibilitando-lhes, assim, usufruir de todos os benefícios que essas atividades proporcionam.

Os capítulos são bem claros e divididos de forma a facilitar o seu entendimento, motivando tanto a leitura quanto a adesão ao esporte.

Trata-se de um manual de vida saudável, que esclarece como atingir o equilíbrio e a superação das doenças da vida moderna.

JOAQUIM GRAVA

Médico, especialista em medicina esportiva pela USP, mestre em tratamento cirúrgico da pubalgia pela Unifesp. Membro do Colégio Brasileiro de Ciências do Esporte, da Sociedade Brasileira de Cirurgia de Joelho, da Sociedade Brasileira de Ortopedia e Traumatologia e da Sociedade Brasileira de Artroscopia. Foi chefe do Departamento Médico do Santos Futebol Clube, médico da Seleção Brasileira de Futebol Profissional e chefe do Departamento Médico de Futebol do Sport Clube Corinthians Paulista.

Capítulo 1
Introdução

Lee Iacocca, para quem não sabe ou não se lembra, é um homem brilhante, que, entre o fim dos anos 1970 e início dos anos 1980, se tornou celebridade nos Estados Unidos, por ter realizado um dos feitos mais prodigiosos da história das grandes corporações americanas: salvou a Chrysler da falência.

Formado em engenharia e administração e com formação também em psicologia e psicopatologia, trabalhou durante 32 anos na Ford, sendo que, em oito deles, ocupou o cargo de presidente.

Foi o cérebro por trás de inúmeros projetos automobilísticos de sucesso, dentre os quais o Mustang.

Após uma saída traumática da Ford, foi contratado pela Chrysler, indústria de automóveis que, na ocasião, estava "naufragando". Convidou alguns amigos que estavam aposentados e, juntos, deram início ao processo de salvamento da empresa. Em 1983, a Chrysler estava sólida. Lee Iacocca havia saído vitorioso dessa missão hercúlea.

É óbvio que, para que esse processo fosse concretizado com sucesso, muitas fábricas tiveram de ser fechadas e muitas pessoas, demitidas. Infelizmente, não havia alternativa; não fosse assim, milhares de empregos teriam de ser sacrificados com a inevitável falência da empresa.

Após a conclusão desse processo, aonde quer que fosse, as pessoas sempre lhe faziam as mesmas perguntas:

"Como você conseguiu ter sucesso?"

"Por que Henry Ford demitiu você?"

"Como você levantou a Chrysler?"

Ele respondia:

"Quando eu escrever meu livro, você vai descobrir."

E assim o fez; escreveu não apenas um, mas dois livros[1,2] fantásticos, nos quais aborda assuntos de grande relevância não apenas para pessoas das áreas de engenharia e administração, mas para todos aqueles interessados em uma boa leitura.

Caro leitor, eu não salvei a Chrysler da falência, mas eu posso ajudá-lo a salvar a sua saúde da falência.

| Mais do mesmo

Linn Goldberg, Diane L. Elliot, Walter M. Bortz II, Mehmet Oz, Drauzio Varella, para ficar apenas em alguns exemplos, são médicos profundamente empenhados em orientar as pessoas sobre o funcionamento do organismo e os cuidados que devem ser tomados para mantê-lo saudável. Eles o fazem não só através da prática clínica, como também de livros e artigos científicos publicados em revistas especializadas.

Neste livro, você também encontrará esclarecimentos importantes a respeito do funcionamento do corpo e seus mecanismos de defesa contra agressões, sejam elas de ordem física, psicológica, microbiológica ou metabólica. Ele traz, ainda, algumas recomendações sobre o que você pode e deve fazer para manter tais mecanismos íntegros, bem como o que deve evitar para manter-se saudável. Provavelmente, você descobrirá que o seu organismo tem um potencial que nunca imaginou existir.

| Superação

Este livro ainda traz histórias impressionantes de superação como as de Paul McCartney, Ringo Starr, J. K. Rowling, Reynaldo Gianecchini, Lucília Diniz, Drauzio Varella, pessoas ricas e famosas que, assim como você, também tiveram sua saúde ameaçada por doenças ou drogas. E mostra que você, assim como eles, também tem capacidade para superar ameaças à sua integridade física e mental.

Introdução

Genética/Epigenética

Todos nós nascemos com uma programação genética para características como cor da pele, tipo de cabelo, cor dos olhos etc. Algumas doenças também fazem parte dessa programação. Porém, a manifestação dessas e de outras doenças não depende somente de fatores genéticos; resulta da interação destes com fatores ambientais.

Existe um segmento da genética, denominado epigenética, que investiga a interferência dos fatores ambientais sobre os genes.

Um estudo científico realizado na Espanha e publicado no *Proceedings of the National Academy of Sciences of the United States of America*, revelou que gêmeos que têm a mesma carga genética ao nascer podem, ao longo dos anos, apresentar diferenças consideráveis nas características físicas, na predisposição a doenças, na expressão dos seus genes. Uma das explicações para isso está na exposição desses gêmeos a diferentes fatores ambientais, ou seja, na epigenética.[3]

Acredita-se que fatores ambientais como fumo, álcool, exposição a poluição, emoções, alimentação, sono, remédios e prática de exercícios físicos possam interferir consideravelmente na modificação dos genes. Em outras palavras, 70% a 97% dos nossos genes podem ser modificados para pior ou para melhor, pelos fatores ambientais.

Isso significa que o estilo de vida tem uma influência bem maior na manifestação ou não das doenças do que a genética.

Em seu livro *Anticâncer*, o médico francês David Servan-Schreiber traz uma informação surpreendente quanto à influência dos genes e do ambiente sobre o câncer. Ele menciona que os fatores genéticos respondem somente por 15% das mortes devidas ao câncer. Acrescenta ainda que pesquisas publicadas no *New England Journal of Medicine* corroboram que a influência do estilo de vida no desenvolvimento do câncer é incomparavelmente maior que a dos genes.[4]

Então, se um indivíduo nasce com uma programação genética para desenvolver determinado tipo de câncer, mas adota um estilo de vida saudável (boa alimentação, sono adequado, exercícios físicos, controle do estresse e se abstém de vícios como tabagismo e alcoolismo), há uma alta probabilidade de ele não desenvolver a doença, apesar da herança genética.

Idade não é sinônimo de doença

É importante as pessoas entenderem e acreditarem que podem chegar aos 40, 50, 60, 70, 80, 90 anos de idade em ótimas condições físicas e mentais. Que idade não é sinônimo de doença. Que é possível atravessar o tempo, sem grandes prejuízos à saúde. Que habilidades como correr, subir e descer escadas, dirigir, enxergar, ouvir podem ser mantidas, apesar da passagem dos anos. E, principalmente, que podem chegar à terceira idade com lucidez, discernimento e independência; manter a autonomia e visitar o médico somente para exames de rotina. Que podem levar uma existência livre de doenças, com energia e chegar aos 70 com a mesma disposição dos 40 anos. Isso, caro leitor, está ao alcance de todos, não apenas dos ricos e famosos.

Missão impossível I

Por incrível que pareça, é muito difícil fazer as pessoas acreditarem que o nosso corpo não foi programado para ficar doente, salvo, é claro, nos casos em que a genética predomina. Também é difícil fazê-las crer que as doenças, na maioria das vezes, são consequências da adoção de hábitos pouco saudáveis e não ocorrências naturais.

Outra dificuldade é convencê-las de que dificilmente precisamos de remédios; que nosso corpo é dotado de mecanismos de defesa naturais contra a maioria das doenças. Nós só precisamos dar a ele as condições para desenvolver tais mecanismos.

Em um trabalho publicado na *Revista Brasileira de Psicanálise*, o autor, Fernando Rocha, faz uma menção interessante: cita que "Freud ressaltou, através do filósofo Heine", que "Deus criou o mundo para não ficar doente".[5]

Porém, as pessoas dificilmente aceitam isso como verdade. Elas acreditam que, depois dos 40 anos, nossa saúde está fadada ao fracasso e que isso é inevitável. Bem, se você adotar hábitos inadequados, é exatamente isso que vai acontecer. Porém, se pensar que, aos 40 anos, provavelmente chegou só à metade da vida, vai concluir que ainda tem, em média, mais 40 anos pela frente. Para viver com saúde os 40 anos restantes, você só precisa fazer as escolhas certas, ou seja, adotar um estilo de vida saudável.

A adoção de bons hábitos implica não somente melhor qualidade de vida, como também maior longevidade: algo em torno de catorze anos de vida a mais em comparação àqueles indivíduos com hábitos inadequados.

| Remédios não fazem milagres

Existe entre as pessoas uma crença quase inabalável de que só os remédios podem controlar as doenças. Tal crença é praticamente unânime entre as pessoas com mais de 60 anos.

Uma reportagem exibida pelo "Jornal Nacional" (famoso jornal da Rede Globo, uma emissora brasileira), no dia 25 de fevereiro de 2008, ilustra bem esse fato e revela dados preocupantes. A matéria, feita em um serviço de cardiologia brasileiro, visava alertar o espectador a respeito da importância da mudança de hábitos para uma saúde melhor; contou, inclusive, com o depoimento do médico Daniel Magnoni, que, então, conduzia um estudo sobre esse tema.

Uma das imagens mostrava dezenas de pacientes, homens e mulheres, a maioria acima dos 50 anos, numa fila para obter medicamentos gratuitamente. Convém mencionar que os pacientes compareceem diariamente a esse serviço, para receber inúmeros medicamentos para diferentes problemas "de coração, pressão, colesterol", de acordo com informação de um deles. Porém, declarações dadas à repórter por eles mesmos, aparentemente não revelavam insatisfação com a sua condição de doentes, desde que a provisão de remédios estivesse garantida.

Ao ser abordado pela repórter, o doutor Daniel Magnoni, fez a seguinte declaração: "a medicação é uma faceta, é uma parte do tratamento. A cirurgia pode ser outra, angioplastia outra, mas mudar o hábito de vida, aquilo que originou a doença é uma coisa muito importante". Em seguida, apareciam estatísticas estarrecedoras:

38% dos pacientes duvidavam dos benefícios da mudança de hábitos alimentares para uma saúde melhor;

61% acreditavam que usar apenas a medicação já seria suficiente para livrar-se da doença.

Missão impossível II

Se é difícil fazer as pessoas acreditarem nos benefícios da mudança de hábitos, fazê-las colocar bons hábitos em prática é quase impossível. Os brasileiros, por exemplo, não têm noção do que é uma alimentação balanceada. Para a maioria das pessoas, dieta balanceada é sinônimo de regime, fome ou sacrifício. Não, não é. É perfeitamente possível ter uma alimentação ao mesmo tempo nutritiva e prazerosa, sem sacrifícios e sem passar fome.

Da mesma forma, no Brasil praticamente inexiste a cultura da atividade física; nesse caso, também há uma ideia equivocada. Muita gente acha que exercício físico é privilégio ou exclusividade de atletas profissionais. Também não é. Nosso organismo precisa de exercícios tanto quanto precisa de alimento, de água, de sono, de sol, de lazer.

Considerando-se ainda o fator estresse, que atualmente atinge a maioria das pessoas, pode-se concluir que estão colocados os alicerces para o desenvolvimento de inúmeras doenças.

A construção das doenças

Infelizmente a regra é esta: as pessoas adotam hábitos inadequados desde a infância; alimentam-se incorretamente, dormem mal, não fazem exercícios, sofrem com estresse. Com o decorrer do tempo, ainda somam a esses maus hábitos, outros ainda piores como fumar, consumir álcool em excesso, usar drogas. Levam essa rotina durante anos, sem perceber que, aos poucos, estão construindo uma ou várias doenças.

Então, aos 40 anos, ou até antes, correm às farmácias, aos médicos, aos hospitais, em busca de cura para seus males. O correto deveria ser o contrário; cuidar-se de modo a não dar chance de as doenças se instalarem, ou seja, adotar uma conduta preventiva.

Um exemplo ilustrativo

Se uma pessoa for obesa, hipertensa e sedentária, a probabilidade de ela sofrer um acidente vascular cerebral (AVC) não é exatamente desprezível. Isso pode acarretar sequelas como prejuízo da fala, limitação de mobilidade nos membros superiores ou inferiores, paralisia facial etc., isso quando o AVC é menos grave. Nas formas mais graves, pode deixar a pessoa imóvel na cama, totalmente dependente dos cuidados de terceiros, que nem sempre têm condições financeiras ou disponibilidade para tal.

A boa notícia é que, no decorrer deste livro, você poderá constatar que existem formas simples, baratas e naturais de combater a hipertensão, a obesidade e muitas outras doenças, mantendo-se sempre saudável e livrando-se das filas de farmácias, hospitais, enfim, do perverso sistema de saúde brasileiro. Afinal, não é objetivo de ninguém terminar os dias preso a uma cama ou dependente de terceiros.

| Enquanto isso, na Grã-Bretanha e nos Estados Unidos

Curiosamente, o Brasil não é o único país onde as pessoas negligenciam a importância dos bons hábitos, entre os quais destacam-se os exercícios físicos.

Uma pesquisa feita pela British Heart Foundation revelou que mais de 60% dos britânicos se recusariam a praticar mais exercícios, mesmo que isso implicasse a morte.[6] Em outras palavras, entre morrer e exercitar-se, ficariam com a primeira opção.

Por outro lado, nos Estados Unidos morrem mais de 250 mil pessoas por ano em consequência do sedentarismo.

| Mudar para viver melhor

Sem sombra de dúvida, uma simples mudança de hábitos pode melhorar muito a sua vida. Esteja certo de que os indivíduos fisicamente ativos de hoje serão os octogenários independentes e articulados de amanhã.

O controle sobre a sua saúde está, em boa medida, em suas mãos. Então, se você não compartilha da opinião da maioria dos britânicos, eu o convido a um passeio pelo mundo mágico do seu corpo.

Capítulo 2
Goldberg e Elliot

A VIDA RESERVA ALGUMAS ARMADILHAS aos desavisados. As principais são as doenças orgânicas e psicológicas. Outras armadilhas para as quais muitas pessoas não estão atentas são: a inatividade física ou mental, o consumo excessivo de açúcar e outros produtos refinados, gorduras saturadas e trans, bebidas alcoólicas, cigarro, drogas, sono irregular, emoções, sentimentos e pensamentos negativos que, por sua vez, podem estar na origem das duas primeiras, ou seja, das doenças orgânicas e psicológicas.

Como a maioria dos brasileiros (aproximadamente 85%) primeiro espera as doenças se instalarem para depois procurar tratamento, vou iniciar a abordagem dessas armadilhas, falando sobre as doenças que mais atormentam a vida das pessoas e o que você pode fazer para vencê-las. Antes, porém, vamos conhecer um pouco Goldberg e Elliot.

Os mestres do exercício

Os médicos Linn Goldberg e Diane L. Elliot são professores de medicina da Oregon Health Sciences University.

No início da década de 1980, então como professores-auxiliares, viram-se diante de uma dúvida: praticar exercícios físicos faz bem ou mal à saúde?

Nessa época, pouco se sabia a respeito dos verdadeiros efeitos dos exercícios sobre o organismo. Tratava-se de um assunto polêmico, pois alguns médicos acreditavam que os exercícios desgastavam mais rapidamente o coração e, dessa forma, abreviavam a vida. Outros médicos, entretanto, afirmavam o oposto: exercícios físicos fortalecem o coração e diminuem os riscos de morte por doenças cardíacas.

Especializados, originalmente, em clínica médica, após terem frequentado as melhores faculdades médicas dos Estados Unidos, não tinham muitas razões para acreditar nos benefícios dos exercícios físicos. Em primeiro lugar, porque esse assunto não era abordado nos livros de medicina. Em segundo, porque durante o curso de medicina, receberam lições de que o tratamento de doentes deveria basear-se em remédios e procedimentos cirúrgicos, apenas. Essa era a abordagem médica vigente na época.

Porém, ensino, orientação, pesquisa e assistência são atribuições de professores universitários de uma instituição de ensino médico. Sendo Goldberg e Elliot representantes dessa categoria e, também, praticantes de exercícios físicos, viram-se duplamente motivados a descobrir o verdadeiro efeito dos exercícios sobre a saúde. Deram, assim, início a uma série de pesquisas sobre o assunto.

O resultado de tais pesquisas deu origem ao Human Performance Laboratory, laboratório de pesquisas relacionadas aos efeitos dos exercícios, idealizado e fundado pela dupla que, hoje, o dirige.

Trabalhos feitos por eles com pacientes hipertensos, diabéticos e obesos, submetidos a um treinamento físico regular, revelaram resultados positivos: houve melhora e, em alguns casos, remissão da doença, sendo que alguns pacientes cessaram o uso de medicação e outros, diminuíram a dose.

Exercise for Prevention and Treatment of Illnes[1] (Exercícios para prevenção e tratamento de doenças, em tradução livre) é o título do livro que escreveram, em 1994, com o intuito de despertar a atenção dos médicos para a importância dos exercícios físicos na prevenção e no tratamento de doenças.

The Healing Power of Exercise[2] (O poder de cura dos exercícios, também em tradução livre), seu outro livro, também veio com a proposta de alertar, porém, dessa vez, os leigos, para a importância dos exercícios no controle das doenças.

A dupla de professores tem, ainda, mais de uma centena de trabalhos publicados em revistas científicas altamente conceituadas, além de entrevistas concedidas a emissoras de TV e internet.

Este livro é baseado na obra de Goldberg e Elliot e em inúmeras outras referências bibliográficas e eletrônicas. Retoma alguns assuntos já abordados pela dupla e inclui outros de igual relevância.

Voltemos, então, às doenças que mais atormentam a vida das pessoas e o que você pode fazer para superá-las.

Escolhi a obesidade para abrir o capítulo sobre doenças, em virtude da sua alta prevalência em âmbito mundial.

Capítulo 3

Como superar a obesidade

O LEITOR ACHA DIFÍCIL PERDER 5 KG? E o que você diria sobre perder 10 kg? Que tal, então, perder 15 kg? Difícil, não? Pois então pense na dificuldade de perder 60 kg e do modo correto, isto é, sem remédios, fórmulas mágicas ou cirurgias, apenas modificando os hábitos alimentares e fazendo exercícios físicos. O leitor acha impossível? Não, certamente há pessoas com disciplina e determinação suficientes para tal. Lucília Diniz é uma delas.

A história de uma vencedora

A história dessa bela empresária brasileira não poderia deixar de ser mencionada como exemplo em um livro cujo tema é saúde.

Membro de uma família de esportistas dedicados, sempre acompanhados por mulheres lindas e magras, Lucília Diniz viveu, por mais de quarenta anos, praticamente afastada do convívio social. Algo em sua vida não ia bem, causava-lhe incômodo, e ela concluiu que era sua obesidade.

Lucília chegou a pesar mais de 120 kg. Tentou vários métodos para emagrecer: dietas rigorosas, remédios, frequentou spas dentro e fora do país. Porém, o resultado era sempre o mesmo: perdia peso rapidamente, mas a perda vinha acompanhada de grande desconforto e alterações importantes de humor, de forma que, invariavelmente, ela voltava a engordar.

Após todas essas tentativas frustradas, cansada de se sentir rejeitada e limitada fisicamente a ponto de não conseguir sentar-se no chão para brincar com os filhos, decidiu dar um basta a essa situação. Em uma demonstração inequívoca de disciplina e determinação, ela finalmente encontrou o caminho certo para a perda de peso saudável. Além de esforçar-se para transformar a própria mente, aproveitou a experiência adquirida em spas e consultórios médicos para criar um método de emagrecimento, o qual, basicamente, associa uma alimentação saudável à prática de exercícios físicos. Felizmente, ela descobriu em tempo que esse seria o melhor método para emagrecer. Sem pressa e sem desespero, devagar e sempre, perdeu nada menos que 60 dos 120 kg que chegou a pesar.

Com a perda de peso, Lucília não só recuperou a autoestima como também se reinventou; transformou-se praticamente em uma nova mulher. Mudou a forma de se vestir, de se pentear, mudou de atitude. Passou a frequentar festas e outros eventos sociais, o que antes não acontecia. Mas, o mais importante, deu um novo sentido à sua vida.

Como se não bastasse a vitória importantíssima sobre a obesidade, ela ainda foi capaz de realizar outra façanha tão ou mais difícil do que emagrecer: parou de fumar (fumava três maços e meio de cigarro por dia).

Atualmente, Lucília se ocupa, entre outras coisas, de orientar pessoas que estão em luta contra a obesidade.

O segredo de Lucília? De novo: disciplina, determinação e mudança do padrão mental. Assim como Lucília Diniz, você também pode perder peso de maneira saudável.

| Entendendo a obesidade I

O corpo humano normal é composto por 30 trilhões de células. Cada uma delas precisa de uma fonte de energia, isto é, um combustível para funcionar adequadamente. Essa fonte de energia chama-se glicose e os alimentos com carboidratos são seus principais fornecedores.

Nota: Alimentos contendo proteínas e gordura também são fontes de energia para o organismo, que as transforma, respectivamente, em aminoácidos e ácidos graxos. O ar que respiramos contém oxigênio, outra fonte de energia para nossas células.

O nosso organismo desenvolveu a capacidade de armazenar gordura com o propósito de garantir energia para as situações de privação de alimento. Esse processo adaptativo ocorreu em um momento em que a civilização não existia, havia escassez de alimento e o homem era obrigado a sair de sua moradia para procurá-lo. Quando o encontrava, procurava ingerir a maior quantidade possível porque não havia previsão de quando ele estaria disponível novamente.

Para se preservar, o organismo desenvolveu um mecanismo bioquímico capaz de transformar carboidratos em gordura e estocá-la. Assim, quando não havia alimento disponível, o organismo recrutava a gordura armazenada, transformava-a em carboidrato e utilizava-o como fonte de energia. Dessa forma, estava garantido o combustível para o bom funcionamento das células e para a própria sobrevivência do homem.

Com uma leitura mais atenta do parágrafo anterior, é possível concluir que o organismo estoca **gordura** e não carboidrato. O estoque de carboidrato no organismo é bem pequeno; está, basicamente, no fígado e nos músculos, em forma de glicogênio. Isso significa que todas as calorias que você ingerir além da sua capacidade de utilização serão transformadas em gordura e armazenadas. É por isso que as pessoas engordam; porque ingerem mais calorias do que gastam.

| Entendendo a obesidade II

Atualmente, a oferta de alimentos é enorme; vivemos em uma sociedade civilizada onde não faltam opções para encontrá-los. Felizmente, não precisamos mais nos preocupar em estocar gordura no corpo para preservar a nossa espécie. Acontece que o organismo manteve a capacidade de armazenamento e o que, um dia, foi a salvação da humanidade, atualmente tornou-se um grande problema de saúde pública porque, consciente ou inconscientemente, muitas pessoas abusam da alimentação sem necessidade.

Além disso, temos de considerar outro fator. Na fase pré-civilização, não havia automóveis, motocicletas, trens, elevadores e escadas rolantes para facilitar a locomoção. Só havia uma forma de se locomover: através do movimento do corpo, fosse ele das pernas, dos braços ou ambos. A essa altura, você já deve ter concluído que o homem, nessa fase, comia menos e se movimentava mais, o que gerava um gasto energético maior que a ingestão calórica; por isso, o homem primitivo não engordava.

Hoje em dia, nossa vida é repleta de facilidades, o que induz as pessoas a não se movimentar. No Brasil, 30% das pessoas simplesmente não se movimentam. Para ir até a padaria da esquina, fazem-no de carro; usam escada rolante ou elevador para subir um único andar. O controle remoto também é um dispositivo que induz as pessoas a ficarem estáticas, e o sistema de compras pela internet é outro recurso que as deixa extremamente acomodadas. Esses são exemplos da falta de movimento, conhecida como sedentarismo.

A combinação entre abuso da alimentação e sedentarismo tem um resultado perverso: a obesidade. Esta, por sua vez, predispõe a outros problemas de saúde como diabetes, hipertensão arterial e doenças do coração.

Muitas pessoas tendem a acreditar que a obesidade é um problema exclusivamente estético; infelizmente, elas estão equivocadas.

| Uma preocupação mundial

A obesidade não é só um problema estético; é uma doença. Atualmente, ela representa um dos mais graves problemas de saúde pública[2,3] e preocupa autoridades de vários países. No Brasil, 43,4% das pessoas estão acima do peso. No mundo, segundo dados da Organização Mundial de Saúde (OMS), já são 2 bilhões e a tendência é que esse número chegue a 3 bilhões em 2025.

| Alerta geral

A obesidade é um problema que atinge pessoas de ambos os sexos, não escolhe etnia nem idade; crianças, adolescentes, jovens, adultos, todos, sem exceção, estão expostos a ela. Assim, você tem de ficar alerta e tomar alguns cuidados para que ela não se instale. Esses cuidados, obviamente, incluem uma alimentação balanceada e exercícios físicos.

Surpreendentemente, incluem, também, o controle do estresse, que pode estar relacionado à obesidade, tanto pelo fator hormonal quanto pelo aumento da ingestão calórica[2] (não raro, pessoas estressadas comem mais do que comeriam em situações normais).

Infelizmente, o que ocorre na maioria das vezes é que as pessoas só tomam providências (quando as tomam) depois que a obesidade já se instalou.

Atenção pais: esse alerta também serve para as crianças que, atualmente, gastam muitas horas em atividades estáticas (videogame, computador, TV). Essas atividades muitas vezes são acompanhadas da ingestão de guloseimas e refrigerantes, hábito que aumenta o risco de obesidade na infância, um verdadeiro perigo para a saúde dos pequenos.

| Métodos de emagrecimento

Vamos agora saber um pouco sobre os vários métodos de emagrecimento.

| As dietas da moda

Em geral, a primeira ideia que ocorre na mente de alguém que está acima do peso é aderir a uma dieta que prometa emagrecimento rápido.

No Brasil, 10 milhões de pessoas fazem dieta para emagrecer. Em geral, essa empreitada acaba em fracasso e as razões são simples.

Especialistas dizem que qualquer dieta pode fazer emagrecer. Eles explicam que a perda de peso, na fase inicial da dieta, não se dá por queima de gordura e, sim, pela perda de água armazenada com o glicogênio[4,22] (uma espécie de reserva de carboidrato presente no fígado e nos músculos). Quando o glicogênio é utilizado, a água é eliminada e a pessoa "desincha"; a impressão que fica é a de que ela emagreceu. Pouco tempo depois, ela enjoa da dieta, retoma sua alimentação usual e recupera os quilos que perdeu.[4]

| Os *shakes* milagrosos

Outra promessa de emagrecimento fácil são os *shakes,* produtos cuja propaganda anuncia emagrecimento rápido, nutritivo e sem sacrifícios.[5] A ideia é, basicamente, substituir algumas refeições, em geral o café da manhã e o jantar, pelo *shake,* de forma a perder peso com facilidade.

Entretanto, estudos científicos publicados no *Journal of Hepatology* revelam que um dos *shakes* mais consumidos no mundo pode ser tóxico para o fígado.[6,7,8]

Então, diante dos riscos, o melhor é tentar um método de emagrecimento natural e mais seguro. Que tal alimentação adequada e exercícios físicos?

| Os inibidores da absorção de gordura

Os medicamentos que inibem a absorção de gordura são outra promessa de "coma à vontade e emagreça sem esforços".

Conheço algumas pessoas que adotaram esse tipo de medicação e as histórias que contam sobre os efeitos colaterais são muito interessantes.

Um casal conta que certo dia, após fazer uso do remédio, saiu para um passeio. Em um determinado momento, a esposa vira-se para o marido e avisa-o que há uma mancha de gordura em sua calça. O marido, espertamente, olha para o traseiro da esposa e observa que ela também está com sua calça manchada de gordura. Assim, o simpático casal precisou interromper o passeio e voltar às pressas para casa por causa de uma incômoda mancha de gordura no traseiro.

Além desse, outros efeitos colaterais podem incluir: evacuações gordurosas, eliminação de gases acompanhada de gordura, urgência para evacuar e aumento das evacuações.[10]

Então, em vez de tomar um remédio para diminuir a absorção de gordura, não seria mais fácil diminuir a ingestão de gordura?

| As fórmulas mágicas

Agora vamos às "fórmulas mágicas" que as pessoas tanto procuram nos consultórios de endocrinologia.

Infelizmente, algumas são compostas por diuréticos, laxantes, hormônios tireoidianos, inibidores do apetite, ansiolíticos, antidepressivos etc.[11]

Vejamos alguns efeitos dessa parafernália química.

A associação indevida de diuréticos e laxantes pode causar um desequilíbrio fisiológico pela perda de água e minerais.[12] Além disso, diuréticos não promovem perda de gordura, só de água. Já o uso frequente de laxantes pode resultar em prejuízo da nutrição, uma vez que a assimilação de nutrientes fica comprometida.

A utilização desnecessária de hormônios tireoidianos pode interferir no funcionamento normal da tireoide, além de provocar graves efeitos colaterais (aumento da frequência cardíaca e da pressão arterial, insônia, tremores, dor torácica etc.).[12]

Vale mencionar que ansiolíticos e antidepressivos tomados inadvertidamente são potencialmente nocivos para a saúde mental, além de provocar efeitos colaterais indesejáveis.

É lamentável pensar nos efeitos deletérios que tais fórmulas podem causar no organismo dos seus usuários.

Aqui, mais uma vez, vale o alerta: procure um método de emagrecimento mais saudável e natural.

Nota: Em fevereiro de 2011, a Anvisa (Agência Nacional de Vigilância Sanitária) tentou proibir a comercialização dos anorexígenos (remédios para emagrecer). A maioria dos especialistas manifestou-se contra essa tentativa. Diante da celeuma criada em torno do assunto, uma voz levantou-se em favor da proposta da Anvisa, a do professor-doutor Joel Rennó Júnior, diretor do Programa de Saúde Mental da Mulher do Departamento de Psiquiatria da Faculdade de Medicina da USP. Com a palavra, o nobre psiquiatra.

"Para mim, a postura da Anvisa está correta. O risco-benefício quase nunca compensa. O efeito sanfona ocorre após a parada dos medicamentos e a eficácia é limitada, além dos riscos sérios de dependência. Tem-se de buscar outras formas de emagrecimento saudável, sem riscos psiquiátricos sérios, causados pelo uso dos anorexígenos. O excelente trabalho desempenhado pelos Vigilantes do Peso é um dos exemplos. Quem vive a realidade concreta e objetiva da saúde mental sabe das graves consequências psiquiátricas dessas drogas, mesmo quando prescritas criteriosamente."[15]

A sensação do momento

Victoza® é o nome comercial da liraglutida, um remédio recomendado para o tratamento do diabetes tipo 2. Descobriu-se que ele pode ser eficaz no processo de emagrecimento, pois, além de atuar no controle da hiperglicemia, também desacelera o processo digestivo, proporcionando sensação de saciedade por mais tempo. No Brasil, foi lançado em 2011 e já está causando furor entre aqueles indivíduos que procuram emagrecer sem esforços.

É preciso que o leitor saiba que esse é um medicamento indicado para diabetes tipo 2. A bula não menciona uma linha sequer a respeito da indicação para perda de peso.[20] Tampouco há regulamentação para seu uso contra a obesidade e, de acordo com informação de Dirceu Barbano, diretor-presidente da Anvisa, até 14 de setembro de 2011 a agência não registrava nenhuma solicitação por parte do fabricante para extensão da indicação do medicamento para qualquer outra finalidade que não o tratamento do diabetes tipo 2.[21]

O doutor Walmir Coutinho, presidente da Sociedade Internacional para o Estudo da Obesidade, chama a atenção para o fato de que os estudos a respeito do uso do Victoza® no combate ao sobrepeso ainda não foram concluídos, portanto a prescrição para essa finalidade ainda não pode ser considerada segura.[17]

O leitor que ainda estiver pensando em aderir ao uso do Victoza® para perder peso deve preparar-se para desembolsar aproximadamente 400 reais cada vez que dirigir-se à farmácia para adquirir as injeções (esse valor é superior ao da mensalidade de uma boa academia e equivalente ao de um bom par de tênis para corrida, como você pode conferir no Capítulo 21 – sobre corridas).

O leitor também deve se preparar para a ocorrência de possíveis efeitos colaterais como: náusea, diarreia, anorexia, inapetência, cefaleia, vômito, gastrite, refluxo esofágico, distensão abdominal, dor abdominal, constipação intestinal, gases, eructação (arrotos), infecção das vias aéreas superiores, pancreatite, problemas na tireoide (nódulos, bócio).[20]

Finalmente, convém que o leitor também se prepare para a flacidez, que invariavelmente ocorre com indivíduos que emagrecem sem exercícios físicos.

As cirurgias para emagrecer

As cirurgias para emagrecer são condutas que alteram a natureza do aparelho digestivo.

Os indivíduos que se submetem a esse tipo de cirurgia ficam sujeitos a restrições alimentares e acompanhamento médico eternamente. Porém, em alguns casos, eles abandonam o acompanhamento e voltam a engordar, pois costumam consumir alimentos calóricos e de fácil digestão, como sorvete e chocolate. Então, ficam ansiosos ou deprimidos com a possibilidade de engordar novamente e buscam refúgio na comida. Torna-se um círculo vicioso.

Assim, esses indivíduos acabam expostos a alguns riscos.

O primeiro é voltar a engordar.

O segundo é desenvolver depressão ou ansiedade. Isso pode ocorrer com pacientes mal preparados psicologicamente para enfrentar as restrições impostas pelo procedimento.

O terceiro é desenvolver deficiência nutricional. Estudos científicos publicados nas revistas *Obesity Surgery* e *Clinic Nutrition & Metabolic Care* revelam que as deficiências nutricionais são ocorrências comuns no pós-operatório de cirurgias para emagrecer.[9,18] Baixos níveis de cálcio, ferro, vitamina B12 e vitamina D podem ser observados após a cirurgia conhecida como derivação gástrica em Y de Roux (DGYR). Deficiência de proteínas e de vitaminas A, D, E e K também podem ser observadas após a cirurgia conhecida como desvio bílio pancreático (DBP). Adolescentes do sexo feminino submetidas a cirurgia para emagrecer merecem atenção redobrada para o risco de desenvolver deficiência de ferro. Em qualquer caso, recomenda-se atenção para o diagnóstico precoce e tratamento com suplementos minerais e multivitamínicos.[9]

Em suma, embora o paciente possa vir a manter-se com peso aceitável, ficará eternamente vinculado ao acompanhamento médico, às restrições alimentares e à suplementação vitamínica e mineral.

O balão intragástrico

Trata-se de outra opção para quem quer perder peso. O procedimento baseia-se na introdução de um balão inflável no estômago. Como o balão ocupa boa parte do órgão, o paciente sente-se saciado com uma quantidade menor de alimento e emagrece. Porém, sua presença pode provocar alguns efeitos colaterais como dores abdominais intensas, cólicas e vômitos frequentes. Além disso, 90% dos pacientes voltam a engordar após sua retirada, exceção feita àqueles que mantêm a disciplina alimentar mesmo depois da remoção do dispositivo. Vejamos o comentário do doutor Marco Aurélio Santo, cirurgião gástrico do Hospital das Clínicas de São Paulo: "Não há nada no mundo que substitua o efeito duradouro proporcionado pelas mudanças dos hábitos de vida". [23]

Precisa dizer mais alguma coisa?

| As clínicas de estética e emagrecimento

Se você procurar uma clínica séria (procure verificar as credenciais dos seus responsáveis), provavelmente ouvirá as sugestões certas para emagrecer: evite doces, massas, alimentos gordurosos, frituras, refrigerantes. Beba muita água, coma muita salada, vegetais em geral; procure não ficar muito mais que três horas sem se alimentar e, principalmente, faça exercícios físicos.

Também vai ouvir sugestões do tipo: faça drenagem linfática, entre inúmeras outras condutas para modelar o corpo e combater a gordura localizada.

Todas essas sugestões procedem e apresentam bons resultados, mas exigem disciplina e dedicação. É preciso lembrar que há fatores hormonais envolvidos e que estes são cíclicos. Por isso, é importante seguir corretamente as recomendações do médico e, principalmente, fazer manutenção do tratamento, caso contrário os resultados ficarão aquém das suas expectativas.

| A verdade nua e crua

Se você prestou atenção ao que foi escrito sobre os vários métodos de emagrecimento, já deve ter concluído o óbvio: não há fórmula mágica para emagrecer. A forma mais sensata de obter sucesso no processo de emagrecimento é respeitando o que a sua natureza pede, ou seja, alimentação adequada e exercícios físicos.

Exercícios físicos

Quais são, afinal, os efeitos dos exercícios no combate à obesidade?

Em primeiro lugar, eles previnem o sobrepeso e contribuem para a manutenção da perda de peso[13], pois aceleram o metabolismo[4,13], aumentam a massa muscular (o que mantém o metabolismo acelerado mesmo no repouso), aumentam a quantidade de calorias queimadas e favorecem a perda de gordura[4]. Isso sem contar os ganhos estéticos, psicológicos[14] e sociais: melhoram a aparência, a autoestima, a sensação de bem-estar e prazer, a aceitação social.

A perda de massa muscular que ocorre com a idade é uma das razões pelas quais o metabolismo fica mais lento, e isso facilita o ganho de peso. Assim, as pessoas mais velhas ganham peso com mais facilidade. A prática de exercícios preserva e até aumenta a massa muscular, o que mantém o metabolismo acelerado mesmo em idades mais avançadas.[4] Isso facilita o emagrecimento e a manutenção do peso.

A combinação entre alimentação adequada e exercícios também combate a perda de massa muscular que acontece quando se faz somente dieta[4]. Além disso, melhora o condicionamento cardiovascular, o humor, previne doenças como hipertensão arterial, diabetes, depressão e ainda evita o acúmulo de gordura na região abdominal, diminuindo os riscos de infarto.

A gordura abdominal

Eu tenho uma notícia ruim e uma boa para contar a você, leitor.

A ruim é que a gordura acumulada na região abdominal é muito nociva para a saúde. Ela predispõe a doenças do coração, diabetes e hipertensão arterial.

A boa é que ela é facilmente combatida com exercícios físicos moderados e regulares.

Então, fique atento à sua circunferência abdominal; o sinal de alerta deve soar para mulheres cuja medida supera 80 cm e para homens cuja medida supera um metro[4]. É óbvio que o ideal seria que sua circunferência nem chegasse a essas medidas.

Quer queimar a gordura abdominal? Então escolha entre pedalar, caminhar rápido, correr leve ou moderadamente e nadar, diariamente, por um período superior a 30 minutos.[4,19]

E para aqueles que acreditam que os exercícios abdominais são indicados para combater essa gordura, aí vai uma informação: na verdade não são. São sim fundamentais, mas para outra finalidade: conferem proteção à coluna vertebral[19] (ver Capítulo 10 — sobre dor nas costas).

Portanto, exercícios aeróbicos moderados e regulares são a chave do sucesso na luta contra a gordura abdominal.[4,19]

| Exercícios para perder peso — recomendações

O ideal para a queima de gordura é a prática diária de exercícios aeróbicos por um período superior a 30 minutos[4,14], ou seja, os mesmos recomendados para a perda de gordura abdominal.

Convém, entretanto, que sejam associados a um programa de exercícios praticados com pesos. Estes últimos, como vimos, aumentam a massa muscular, acelerando o metabolismo mesmo no repouso.

Um treinamento de flexibilidade também é recomendado.

É conveniente que haja supervisão de um educador físico.

| Noções sobre alimentação

Quanto à alimentação, aqui vão algumas recomendações básicas, mas o ideal é que você tenha orientação médica ou de um nutricionista.

Café da manhã: dê preferência a alguns dos seguintes itens: leite ou iogurte desnatados, sucos de fruta sem adição de açúcar, leite de soja light; pães 100% integrais (contendo só farinha de trigo integral, sem adição de açúcares e baixo teor de gorduras — são mais nutritivos que pães brancos, principalmente se forem elaborados com vários tipos de grão), queijo branco e peito de peru (ambos light), geleia diet; frutas. Evite queijo amarelo, presunto, mortadela, salame, manteigas, margarinas.

Lanche da manhã: procure ingerir uma fruta entre o café da manhã e o almoço.

Almoço: prefira arroz integral simples ou contendo outros grãos e cereais (são mais nutritivos e engordam menos que o arroz branco. Isso porque alimentos integrais demoram mais e consomem mais energia para serem digeridos, o que auxilia o gasto calórico, o controle da glicemia e também do colesterol). O feijão também deve ser consumido, mas em pouca quantidade. Procure colocar no seu prato quatro tipos de vegetais crus (exemplo: tomate, pepino, cenoura), mas não deixe de considerar o brócolis, a couve-flor e outros. Capriche na salada, principalmente com folhas verde-escuras (rúcula, agrião, espinafre etc.). Dê preferência às carnes brancas e grelhadas. Evite frituras, carnes gordurosas, refrigerantes, doces e massas.

Lanche da tarde: entre o almoço e o jantar, procure ingerir uma fruta ou iogurte desnatado.

Jantar: o jantar deve ser leve, pobre em calorias. Você pode escolher entre sopas de vegetais, saladas, lanche natural (pão integral com queijo branco ou peito de peru light, por exemplo) ou frutas.

Evite comer quando estiver vendo televisão. Em geral, nessas condições perde-se a medida da quantidade de alimento ingerido e come-se mais do que o necessário.

Evite comer muito rapidamente e procure mastigar bem os alimentos.

Procure comer pouco e a cada três horas. Comer pouco significa ingerir de 1.000 a 1.200 calorias diárias (no caso de mulheres) e de 1.200 a 1.500 calorias diárias (no caso de homens).[4] Essa quantidade deve ser distribuída em pequenas porções que devem ser ingeridas, mais ou menos, a cada três horas, ao longo do dia. Isso mantém o metabolismo acelerado e ajuda a perder peso.

Nota: Algumas frutas, pães (integral, inclusive), castanhas e azeite são itens nutritivos, porém calóricos. Então, modere a sua ingestão durante o processo e a manutenção do emagrecimento.

| Hidratação

Procure ingerir, em média, dois litros de água por dia, distribuídos da seguinte forma: antes do café da manhã, entre o café da manhã e o almoço, entre o almoço e o jantar. Evite beber líquido durante as refeições e próximo ao horário de dormir. Fique atento à cor da sua urina, que deve estar sempre clara (vide Capítulo 14 — sobre alimentação e hidratação).

| Considerações finais

É importante que o leitor entenda, de uma vez por todas, que a natureza programou o nosso corpo para alimentar-se corretamente e fazer exercícios. Controle do estresse e sono regular, também fazem parte dessa programação (ver Capítulo 15 – sobre Sono). Qualquer outro método de emagrecimento contraria a nossa programação natural. E a natureza é implacável! Se contrariada, cedo ou tarde cobrará a fatura e o preço poderá ser muito alto!

Na maioria das vezes, o nosso organismo é autossuficiente para combater a obesidade, ou seja, perder peso não requer remédios, fórmulas ou cirurgias; apenas bom-senso, disciplina e determinação.

Mas atenção: é conveniente que haja supervisão médica ou nutricional.

E se, eventualmente, você quiser sair da dieta, por exemplo, comendo um pedaço de pizza, não há problema; nosso organismo está preparado para isso também. Ele se encarregará de eliminar os possíveis excessos sem que você volte a engordar, desde que isso, é óbvio, só aconteça esporadicamente.

Vale ressaltar que a mudança do padrão mental é de extrema importância e, por incrível que pareça, um dos maiores obstáculos a serem superados no processo de emagrecimento. Pensar, raciocinar e encarar a vida como magro é fundamental para um tratamento bem-sucedido. Entender que o prazer de ser magro é incomparavelmente superior ao prazer de consumir produtos calóricos e desprovidos de nutrientes (além de ser mais saudável) é o grande passo para o sucesso. Caso você tenha dificuldade para vencer esse obstáculo sozinho, não hesite em procurar ajuda profissional; ela pode fazer a diferença entre emagrecer do modo correto e submeter a sua saúde ao desgaste das promessas arriscadas de emagrecimento.

Capítulo 4

Como superar a hipertensão arterial

A HIPERTENSÃO ARTERIAL É UMA DAS DOENÇAS mais comuns da atualidade e uma das maiores causas de problemas como derrames cerebrais e infartos, que, obviamente, podem levar à morte. Para entendê-la, vamos relembrar de maneira simples como ocorre a circulação do sangue.

Entendendo a circulação sanguínea

Coração e vasos sanguíneos (artérias e veias) são os principais responsáveis pela circulação do sangue no organismo. É através desse sistema que o sangue chega a todos os órgãos para levar a eles oxigênio e nutrientes, itens fundamentais para o seu bom funcionamento.

O lado esquerdo do coração envia sangue para os órgãos e tecidos através das artérias. Esse sangue é chamado sangue arterial e é responsável por transportar oxigênio e nutrientes. Ao chegar aos órgãos, ocorre uma troca: o sangue fornece oxigênio e nutrientes e recebe dióxido de carbono e material residual que serão transportados de volta ao coração através das veias; é o chamado sangue venoso. Enquanto isso, o lado direito do coração fica responsável por enviar o sangue venoso aos pulmões, para que possa receber oxigênio e eliminar o dióxido de carbono.

Quando, por alguma razão, o sangue encontra resistência para fluir, a pressão arterial sobe. Pressão arterial alta por tempo prolongado é chamada de hipertensão arterial; ela pode causar danos nos vasos e nos órgãos, desencadear problemas no coração, nos rins e AVCs (acidentes vasculares cerebrais).

As doenças cardiovasculares resultantes da hipertensão arterial representam uma importante causa de morte em nosso país.

| Variáveis da pressão arterial

A pressão arterial obedece a algumas variáveis: calibre e elasticidade das artérias, viscosidade do sangue e bombeamento cardíaco. Por exemplo: artérias rígidas ou bombeamento cardíaco forte são condições que aumentam a pressão arterial.[1,9]

| A hipertensão no Brasil

A hipertensão é uma doença silenciosa (ou seja, assintomática). No Brasil há mais de 30 milhões de hipertensos. Desses, somente 50% têm consciência da doença e apenas 10% conseguem manter a pressão sob controle.

Uma medida de pressão indicando 140 por 90 mmHg já é considerada hipertensão leve.[1] Portanto, fique atento à sua pressão arterial medindo-a regularmente.

| Fatores de risco

Entre os fatores de risco mais comuns para a hipertensão arterial estão alimentação rica em sal, alcoolismo, dieta rica em gordura, tabagismo, hereditariedade, obesidade, estresse, sedentarismo e colesterol alto.

Mecanismos de ação de alguns desses fatores

O fumo, além de provocar estreitamento e enrijecimento das artérias, também torna o sangue mais viscoso, o que aumenta a pressão arterial.

O álcool atua potencializando o efeito vasoconstrictor do cálcio, o que torna as artérias mais estreitas, fazendo a pressão subir.

O colesterol alto pode ocasionar oclusão arterial e aumentar a resistência à passagem do sangue, o que eleva a pressão.

O sal atua na retenção de líquido, o que faz subir a pressão arterial.

O estresse desencadeia a liberação de adrenalina, entre outros hormônios, o que, por si só, causa estreitamento dos vasos, elevação da frequência cardíaca e da pressão arterial.

Medicamentos anti-hipertensivos e seus efeitos colaterais

Existe uma infinidade de medicamentos anti-hipertensivos disponíveis nas farmácias. Nos últimos quarenta anos, esses medicamentos evoluíram significativamente. [4]

Diuréticos, betabloqueadores, alfa-beta bloqueador, agonistas alfa de ação central, vasodilatadores, bloqueadores do canal de cálcio, inibidores da ECA, bloqueadores da angiotensina II, alfa bloqueador.[1,4] Todos esses medicamentos podem causar efeitos colaterais desagradáveis como: tontura, câimbras, perda de potássio, cansaço, impotência, fraqueza, insônia, cefaleia, retenção hídrica, inchaço nas pernas, aumento da frequência cardíaca, intestino preso, tosse, alterações no paladar, os quais, somados ao custo financeiro, muitas vezes desestimulam a adesão ao tratamento.[1]

Combatendo a hipertensão sem custos financeiros

Existem algumas formas de combater a hipertensão arterial, sem custos financeiros. Uma delas é afastando os fatores de risco[5]. Você já sabe quais são eles, mas não custa repetir: dieta rica em sal, álcool, dieta rica em gordura, tabagismo, obesidade, estresse, sedentarismo, colesterol alto, hereditariedade.

Então, aqui vão algumas sugestões para prevenir-se da hipertensão arterial: evite o sal na dieta, o consumo de álcool, comidas gordurosas (carnes gordas, frituras) e produtos que contenham gordura trans (biscoitos recheados, bolos, tortas, sorvetes). Fique longe do cigarro, procure perder peso (vide Capítulo 3 – sobre obesidade) e pratique exercícios físicos que, ao mesmo tempo, combatem a obesidade, o estresse, o colesterol alto e, ainda por cima, dão um drible na hereditariedade.

Assim, é possível combater a maioria dos fatores potencialmente causadores de hipertensão arterial e manter a pressão sob controle, às vezes até sem medicação.

| Hipertensão e exercícios I

Estudos científicos publicados na Inglaterra sobre os efeitos dos exercícios físicos no tratamento de pacientes hipertensos revelam dados surpreendentes. Vamos a eles.

Cerca de 75% dos hipertensos estudados apresentaram diminuição da pressão arterial após serem submetidos a um programa de treinamento físico, sendo que a pressão máxima sofreu redução de 11 mmHg e a mínima de 8 mmHg, em média.[6]

Nota: É importante ficar claro que quando você vai ao médico e ele diz que sua pressão está 14 por 9, na verdade isso significa que a sua pressão está 140 por 90 mmHg. Então, se um indivíduo com pressão de 140 por 90 submete-se a um treinamento físico regular, é muito provável que, após um período de exercícios, sua pressão chegue a 129 por 82 mmHg, ou seja, uma diminuição de 11 mmHg na pressão máxima e 8 mmHg na mínima.

Vale mencionar que exercícios leves e moderados são os mais indicados para reduzir a pressão arterial.[6,11] Isso significa que você não precisa se acabar numa academia para obter esse resultado.

A prática de exercícios também melhora os níveis de lipídios e a sensibilidade à insulina comum nos hipertensos. Enfim, os exercícios são fundamentais no tratamento da hipertensão leve a moderada.[6]

Outro estudo publicado no *American Journal of Medicine* sobre os efeitos dos exercícios aeróbicos na hipertensão diastólica demonstrou que 55% dos pacientes obtiveram uma redução de 15 mmHg na pressão sem uso prévio de medicação. E aproximadamente 23% dos pacientes que fizeram uso prévio de medicamentos conseguiram livrar-se da medicação.[7]

Podemos deduzir, então, que os exercícios são importantes aliados no combate à hipertensão arterial. Eles podem induzir à redução do uso de medicamentos e até suprimi-lo, o que pouparia o paciente do ônus financeiro e de efeitos colaterais indesejáveis.

Hipertensão e exercícios II

Vejamos agora alguns dos mecanismos pelos quais os indivíduos fisicamente ativos conseguem controlar melhor a hipertensão:

» Perda de peso: o simples emagrecimento já promove redução da pressão arterial;
» Sudorese e respiração acelerada: auxiliam na eliminação de sódio e água, um efeito similar ao dos diuréticos;
» Diminuição do nível de adrenalina: auxilia na diminuição da pressão arterial e da frequência cardíaca, efeitos similares aos dos beta-bloqueadores, porém, sem efeitos colaterais;
» Melhor controle do colesterol;
» Melhor controle da glicemia;
» Redução dos níveis de insulina: melhora a resistência à insulina, modula os depósitos de sódio e diminui a retenção de sal pelos rins.[1]

Hipertensão e exercícios III

O exercício regular também induz ao desenvolvimento do músculo cardíaco, bem como à expansão dos ventrículos. O coração torna-se mais forte e, portanto, uma bomba mais eficaz.[8]

Além disso, praticar exercícios também melhora o calibre das artérias, o que diminui a pressão arterial.[9,13]

Do ponto de vista prático, um indivíduo que inicia uma atividade aeróbica e passa a praticá-la com regularidade percebe uma evolução gradual no seu condicionamento cardiovascular. Após algum tempo, consegue andar rápido, subir escadas, correr longas distâncias sem parar e sem se cansar. Nesse estágio, ele já está com o coração fortalecido e as artérias mais calibrosas.

Com uma bomba forte, no caso um coração forte e artérias de bom calibre, o sangue flui mais facilmente, pois não encontra resistência à sua passagem. Diminui a pressão arterial, a frequência cardíaca (porque o coração torna-se mais eficaz e pode bater menos vezes para cumprir a sua função) e os riscos de infarto.

Os indivíduos hipertensos também podem beneficiar-se de outros tipos de exercício como levantamento de peso.[1]

Em geral, a atividade mais fácil e segura na fase inicial é a caminhada.[1] Porém, a avaliação e o acompanhamento médico são fundamentais antes e durante o tratamento, uma vez que um aumento gradual no tempo ou na frequência dos exercícios pode ser necessário.

Outras orientações quanto ao tipo, à frequência e à intensidade de exercício também precisam de supervisão profissional.

| Alimentação na hipertensão (noções básicas)

Evitar o sal na dieta é fundamental. Adquira o hábito de ler os rótulos dos produtos alimentícios que você consome, para se certificar da quantidade de sódio (sal) embutida neles.

Procure consumir as versões desnatadas de leite e seus derivados (queijos, iogurtes).

Evite frituras e alimentos que contenham gordura saturada e trans (ver Capítulo 17 – sobre gordura e colesterol).

Aumente o consumo de frutas e vegetais em geral.

Considere, também, o consumo de alimentos como aveia, nozes e castanhas que, embora calóricos, aumentam o bom colesterol (HDL) e diminuem o colesterol ruim (LDL).

Alimentos que contenham ômega-3, como o salmão, por exemplo, também são recomendados, uma vez que baixam os níveis de triglicérides e LDL, prevenindo, assim, infartos e derrames.
Evite a ingestão de bebidas alcoólicas.[1,10]

Nota: Sono regular e controle de estresse são igualmente importantes na prevenção e controle da hipertensão arterial. Isso porque o sono irregular aumenta a concentração sanguínea de cortisol, adrenalina e noradrenalina, cuja a ação vasoconstrictora favorece a manifestação da doença.

| Considerações finais

Recentemente, li que os *stents* (dispositivos utilizados em cirurgias com a finalidade de dilatar artérias) tiveram um aumento de custo tão exorbitante que estão tornando as angioplastias cada vez mais caras.[12]

Na verdade, você não deveria necessitar nem de *stents*, nem de outros mecanismos dilatadores de artérias. Seu organismo já tem um dilatador natural de artérias: são as suas pernas; exercite-as e, provavelmente, você nunca necessitará de *stents* ou medicações vasodilatadoras.

Mas atenção, exercícios físicos e alimentação adequada, sono regular e controle do estresse são importantes na prevenção e no controle da hipertensão arterial. Porém, o acompanhamento médico é indispensável, principalmente nos casos em que a doença já esteja instalada. Somente o especialista pode orientá-lo sobre as medidas cabíveis para manter a pressão sob controle.

Capítulo 5

Como superar o diabetes

Embora as bases do funcionamento das células já tenham sido descritas no capítulo sobre obesidade, vale a pena relembrá-las, pois seu entendimento é fundamental para a compreensão do diabetes.

O funcionamento das células

Todos os órgãos e tecidos do nosso corpo são formados por células. Para que funcionem perfeitamente, elas precisam de energia. A energia vem da glicose, o combustível da célula, cujo principal fornecimento vem dos carboidratos da alimentação.

Toda vez que se faz uma refeição, o alimento é digerido e absorvido pelo aparelho digestivo. Assim, aumenta o nível de glicose no sangue. Ocorre, então, uma "ordem" para que o pâncreas libere a insulina, hormônio responsável por colocar a glicose dentro das células. Assim que a glicose entra na célula, ela já está disponível para ser utilizada como combustível.

Nota: Nossa alimentação também deve conter proteínas e gorduras que serão transformadas em aminoácidos e ácidos graxos (respectivamente) durante o processo digestivo. Porém, neste capítulo, discutiremos apenas a questão da glicose, que está intimamente relacionada à fisiopatologia do diabetes.

| Definição e tipos de diabetes

Quando um indivíduo tem diabetes, o funcionamento das suas células fica prejudicado. Por exemplo: ele faz uma refeição que é digerida e absorvida, porém a glicose não consegue penetrar nas células; permanece na corrente sanguínea, causando hiperglicemia. Isso ocorre ou porque a insulina está ausente (**diabetes tipo 1**), ou porque, embora presente, as células não conseguem responder a ela (**diabetes tipo 2**).

Portanto, diabetes é uma doença metabólica que se caracteriza por aumento do nível de glicose no sangue (hiperglicemia). Esta, por sua vez, pode ter origem na ausência de insulina ou na falta de resposta dos órgãos e tecidos à sua presença.

Além desses, há outros tipos de diabetes que não serão discutidos neste capítulo.

Nota: Aproximadamente 95% dos casos de diabetes são do tipo 2.

| Possíveis sintomas

O diabetes pode provocar sintomas como sede, vontade de urinar com frequência, fome, perda de peso, tontura, formigamento nos pés e nas mãos, visão turva, infecções vaginais e urinárias, ou até não causar sintomas.

| Fatores de risco

Os principais fatores de risco para o desenvolvimento do diabetes tipo 2 são: obesidade, hereditariedade, sedentarismo, excesso de ingestão de açúcar e gorduras, estresse, idade e alcoolismo.

A obesidade predispõe ao diabetes tipo 2 e está presente em 90% dos casos da doença. Uma das razões dessa predisposição é que o excesso de gordura aumenta a resistência à insulina e dificulta a penetração da glicose nas células.

O excesso de ingestão de açúcar pode causar sobrecarga pancreática, resistência à insulina e diabetes.

O excesso de ingestão de bebidas alcoólicas pode causar pancreatite aguda e pancreatite crônica, podendo evoluir para insuficiência pancreática e diabetes.

O sedentarismo, principalmente em idades avançadas, pode sobrecarregar o pâncreas e causar falência das células beta, que são as responsáveis pela produção de insulina.[1]

| Complicações do diabetes

O diabetes pode levar a complicações sérias como hipertensão, derrame cerebral, hemorragias na retina, cegueira, infartos, aumento do colesterol e dos triglicerídeos, problemas nos nervos, problemas renais, arteriosclerose e prejuízo da circulação do sangue, podendo ocasionar distúrbios de cicatrização e amputações que podem incapacitar o indivíduo.

| O diabetes no mundo e no Brasil

Atualmente são 300 milhões de portadores de diabetes no mundo, sendo 14 milhões no Brasil. Desses, metade não sabe que é portador da doença. Isso, obviamente, representa um ônus que recai sobre o próprio paciente, sua família ou sobre os serviços públicos de saúde.

| Possíveis tratamentos

Quando a doença já está instalada, existem várias formas de tratá-la, as quais dependem do tipo e da gravidade e podem incluir: dietas, exercícios físicos, hipoglicemiantes orais e insulina. Recentemente, foi lançado um novo medicamento, a liraglutida, cujo nome comercial é Victoza®, para o tratamento do diabetes tipo 2.

Também estão em fase de pesquisa outros medicamentos e até uma cirurgia do aparelho digestivo[2].

A abordagem ideal

No diabetes tipo 2, como em outras doenças, a abordagem preventiva seria a adequada, ou seja, evitar a instalação da doença. Consegue-se isso eliminando os fatores de risco sempre que possível.

Controlar o peso, exercitar o corpo, moderar a ingestão de gorduras e açúcar, manter o estresse sob controle e evitar bebidas alcoólicas são ações positivas na prevenção do diabetes tipo 2.

Infelizmente, não é possível prevenir o diabetes tipo 1. Nesse, células do pâncreas são destruídas por um descontrole imunológico, suprimindo a produção de insulina[1].

Um estudo publicado no periódico *Diabetes Research and Clinical Practice* deixa claro que alimentação adequada, controle do peso e exercícios físicos são práticas eficazes na prevenção e no tratamento do diabetes tipo 2. Nesse mesmo estudo, o autor menciona que, nos casos em que essas condutas não apresentem resultados satisfatórios, pode ser necessário o tratamento medicamentoso[3].

Então, a combinação entre alimentação adequada e exercícios pode prevenir e controlar o diabetes tipo 2, muitas vezes, até sem medicação.

Diabetes e exercícios

Você deve estar lembrado que um dos fatores de risco para o diabetes tipo 2 é o sedentarismo. Vejamos, então, como os exercícios atuam no controle do diabetes.

A atividade física favorece a penetração da glicose nos músculos independentemente da insulina. Os músculos em exercício também são capazes de queimar maior quantidade de glicose[4]. Isso significa que, quando exercitados, os músculos absorvem e queimam mais glicose proveniente da corrente sanguínea. É óbvio que isso reduz o nível de glicose no sangue, o que ajuda a controlar o diabetes.

Há, entretanto, outros mecanismos que podem elucidar o papel dos exercícios no combate ao diabetes.

Os exercícios aceleram a absorção da insulina e potencializam seus efeitos[1], melhoram a sensibilidade à insulina[1,3] em pacientes com resistência à insulina[3] e também aumentam a utilização do glicogênio[1].

Vale lembrar que o glicogênio é uma espécie de reserva de energia para o organismo; há depósitos dele no fígado e nos músculos. O glicogênio do fígado pode ser convertido em glicose e utilizado livremente pelo organismo; porém, o glicogênio dos músculos encontra-se atrelado a eles e só pode ser usado pelos próprios músculos, durante os exercícios[1].

E por falar em glicogênio muscular, convém mencionar que a queima desse combustível durante a atividade física acaba com a reserva de energia dos músculos. Para repor essa fonte energética, o organismo utiliza glicose da corrente sanguínea, facilitando o controle da glicemia nos portadores de diabetes tipo 2.

Traduzindo em palavras simples, tudo isso quer dizer que há várias formas pelas quais os exercícios ajudam a controlar o açúcar no sangue dos portadores de diabetes tipo 2.

| Os músculos e o diabetes

A essa altura, você já deve ter percebido que os músculos são peças-chave, estruturas fundamentais no controle do diabetes, em razão dos distúrbios na penetração e na utilização da glicose que a doença impõe.

Porém, para que os músculos desempenhem seu papel no controle da glicemia, é preciso que eles sejam exercitados. Prestou atenção? Os músculos não conseguem atuar no controle da glicemia se estiverem em repouso, somente com a prática de exercícios.

Além disso, o aumento da massa muscular proporcionado pelos exercícios aumenta ainda mais a captação e a utilização da glicose durante a atividade física. Portanto, quanto mais massa muscular (em exercício), melhor o controle glicêmico.

| Outros efeitos dos exercícios

A obesidade, como você sabe, predispõe ao diabetes tipo 2. A prática de exercícios também combate a obesidade, diminuindo os riscos de desenvolver a doença.

Um estudo feito com pacientes obesos e com diabetes tipo 2 submetidos à medicação mostrou que houve aumento do nível de insulina. Entretanto, não se observou melhora da sensibilidade à insulina nem dos níveis glicêmicos. Esses indicadores só melhoraram depois que os pacientes começaram a se exercitar[5].

A prática de exercícios físicos facilita o controle do colesterol e dos triglicerídeos, diminuindo os riscos de hipertensão arterial e doenças do coração, comuns em pessoas com diabetes[1]. Também evita as complicações da doença como AVC, doenças na retina, problemas nos rins e nos nervos, problemas de cicatrização e amputações.

| Alimentação e diabetes (noções básicas)

Os pacientes com diabetes devem tomar alguns cuidados alimentares.

O mais importante é evitar a ingestão de doces, bolos, tortas, sorvetes, refrigerantes ou bebidas adoçadas, que são desprovidos de valor nutritivo e apresentam alto índice glicêmico, ou seja, fazem a glicemia aumentar rapidamente. A mesma coisa pode ser dita em relação às massas elaboradas com farinha branca, ao pão e ao arroz branco: todos apresentam índice glicêmico elevado e devem ser evitados.

Deve-se dar preferência aos pães elaborados com farinha de trigo 100% integral, principalmente aqueles compostos por vários tipos de grãos.

Da mesma forma, o arroz indicado é o integral, principalmente o composto por outros tipos de grãos ou cereais.

Quanto às massas, as elaboradas com farinha de trigo integral são as mais indicadas.

É importante salientar que todos os alimentos integrais têm índice glicêmico baixo e ajudam a controlar a glicemia, o colesterol e o excesso de peso.

Outras recomendações alimentares para pessoas com diabetes incluem:

» Evitar o consumo de alimentos que contenham gordura saturada ou trans e dar preferência aos alimentos que contenham gorduras insaturadas (ver Capítulo 17 – sobre gordura e colesterol);
» Consumir porções generosas de vegetais frescos;

» Consumir não mais do que três frutas ao dia e, de preferência, junto ou imediatamente após as refeições principais;
» Quanto às carnes, consumir preferencialmente aves e peixes, que contêm menos gordura;
» Evitar frituras e priorizar os alimentos cozidos;
» Beber água ou chás sem adição de açúcar.

As refeições principais devem coincidir com os picos de insulina ou com o horário de tomada de medicamentos hipoglicemiantes que, porventura, o paciente esteja utilizando.[6,1,9]

Alerta às autoridades

Diabetes é um assunto que deve ser levado a sério; seu potencial de incapacitação não deve ser menosprezado.

Suspeita-se que uma epidemia da doença já estaria ocorrendo em nível mundial (dados da Organização Mundial de Saúde sugerem que, em 2025, serão 330 milhões de doentes).

Uma das razões para essa estimativa é que, em geral, alimentos ricos em açúcares e gorduras são mais baratos e, portanto, mais acessíveis à população mais pobre. Some-se a isso o sedentarismo e temos uma combinação de fatores que favorece o desenvolvimento do diabetes. Portanto, estimular a mudança de hábitos é fundamental, mas representa um grande desafio.

A colocação de rótulos alertando o consumidor sobre a quantidade de açúcar e gordura presentes nos produtos alimentícios, bem como os perigos inerentes a seu consumo, é uma iniciativa que pode facilitar a escolha de alimentos mais saudáveis.

Outras ações como campanhas educativas são necessárias, embora demandem tempo, dinheiro, mobilização de recursos e profissionais qualificados.

Não há, contudo, outra alternativa. Ou adotamos uma abordagem profilática ou, em poucos anos, teremos de nos preocupar com o tratamento de uma enorme quantidade de doentes, o que representará um desafio ainda maior e mais oneroso.

Considerações finais

Você deve ter percebido que o organismo dispõe de importantes mecanismos de defesa contra o **diabetes tipo 2**. A associação entre alimentação correta e exercícios físicos, sono regular e controle do estresse ativa os mecanismos que podem controlar a doença e prevenir suas complicações, às vezes sem medicação. Não importa o nome desses mecanismos; o que importa é que eles existem e que você pode explorá-los em favor da sua saúde e qualidade de vida.

Para isso, você tem de levantar o traseiro do sofá e se mexer.

Procure uma atividade que lhe dê prazer: caminhar, andar de bicicleta, dançar, nadar, correr etc. Praticar exercícios moderados por 30 minutos, quatro vezes por semana, é suficiente para prevenir a doença. Porém, se você já tem diabetes, o ideal é a prática diária de exercícios.[1]

Além disso, a adesão a uma prática desportiva prazerosa exercita os músculos, combate o sobrepeso e alivia o estresse (cujo descontrole eleva os níveis de adrenalina, noradrenalina e cortisol, predispondo à resistência à insulina).

A adoção de bons hábitos deve fazer parte da nossa rotina desde a infância; assim, estaremos nos protegendo do diabetes tipo 2 e de suas terríveis complicações.

Mas lembre-se sempre de que o acompanhamento médico é imprescindível, principalmente se a doença já estiver instalada. Seguir corretamente as recomendações médicas ajuda na prevenção e no controle do diabetes.

Atenção: Os portadores de **diabetes tipo 1** necessitam de supervisão médica tanto para o ajuste das doses de insulina quanto para a prática de atividades físicas que porventura queiram realizar, pois o controle glicêmico é mais complexo nesses casos.

Capítulo 6

Como superar o câncer

Considerações sobre sistema imunológico, radicais livres e antioxidantes

Embora seja uma doença grave, o câncer nem sempre é fatal. Há inúmeros exemplos de pessoas que receberam esse diagnóstico, experimentaram o sofrimento, lutaram com todas as forças e venceram a doença. A seguir, você verá alguns desses exemplos.

A arte da superação

Em 2011, Reynaldo Gianecchini, famoso ator brasileiro, recebeu o diagnóstico de um tipo de câncer conhecido como linfoma não Hodgkin. Com coragem e o apoio da família, dos amigos e dos fãs, Gianecchini enfrentou a doença, submeteu-se ao tratamento médico e, hoje, encontra-se curado.

Em 1991, Ana Maria Braga, famosa apresentadora de televisão no Brasil, teve câncer de pele e, em 2001, teve câncer na região anal. Tratada, está livre da doença e em plena atividade.

Em 2005, Kylie Minogue, famosa cantora australiana, desenvolveu câncer de mama. Para poder tratar-se adequadamente, precisou interromper temporariamente a carreira e cancelar uma turnê. Porém, obteve a cura e hoje é um exemplo de superação para mulheres do mundo todo.

Outra famosa cantora que também teve câncer de mama é Sheryl Crow. Seu diagnóstico foi dado em 2006. Assim como Kylie Minogue, submeteu-se ao tratamento médico e superou a doença.

Em 2003, Robert de Niro, famoso ator de cinema, descobriu que era portador de câncer de próstata. Por sorte, seu diagnóstico foi feito precocemente. Tratado, encontra-se livre da doença.

Outro famoso ator de cinema que também teve câncer foi Michael Douglas. Em 2010, o ator desenvolveu câncer na garganta; foi submetido a um tratamento que incluía quimioterapia e radioterapia e obteve a cura.

Sharon Osbourne, esposa do cantor de rock Ozzy Osbourne, também teve a doença. Seu diagnóstico foi feito em 2002 e acusava câncer de cólon. Depois do tratamento, decidiu extirpar as mamas, dado ao risco e à predisposição individual a desenvolver a doença nessa região.

Tony Iommi é um nome familiar para os fãs de rock. Trata-se do guitarrista da banda Black Sabbath. Em 2012 desenvolveu câncer na região do pulmão e vem se tratando desde então. Sua recuperação é considerada satisfatória, tanto que ele se mantém ativo profissionalmente.

Michael C. Hall, famoso por sua atuação na série *Dexter*, foi outro que desenvolveu câncer. Em 2010 foi descoberto que o ator era portador de um Linfoma de Hodgkin, câncer do sistema linfático. Submetido a tratamento médico, obteve a cura da doença.

A atriz americana Kathy Bates, vencedora de um Oscar e um Globo de Ouro, teve câncer nos ovários em 2003 e, posteriormente, precisou extirpar as mamas devido a um câncer na região. Curada, encontra-se de volta às atividades profissionais.

Em 2006, a atriz americana Cynthia Nixon, famosa por sua personagem Miranda na série *Sex and the City*, descobriu, através do exame de mamografia, que estava com câncer de mama. Atualmente está curada.

Quem não se lembra de Olívia Newton-John no filme *Grease*, clássico dos anos 1970? Pois é. A atriz e cantora inglesa desenvolveu câncer de mama em 1992. Curada, decidiu criar um centro de prevenção ao câncer, o *Olivia Newton-John Cancer and Wellness Centre*, na Austrália, país onde é radicada.

O câncer é uma doença que assombra a vida do paciente, familiares e amigos. Porém, é possível preveni-lo e, quando instalado, superá-lo. Você leu doze exemplos de pessoas que venceram a doença. Vamos, então, conhecer um pouco mais sobre o câncer.

| O câncer no mundo e no Brasil

Atualmente, o câncer é a segunda maior causa de mortes por doença no mundo, 85% das quais evitáveis. No Brasil, são 46.700 mil novos casos registrados por ano.

| Câncer e metástase

O câncer é uma doença causada pelo surgimento de células anormais no organismo, as quais se proliferam com rapidez, mas morrem lentamente, o que favorece o aumento do tumor. Às vezes, tais células podem disseminar-se e originar novos tumores em outras partes do organismo. Esse fenômeno é conhecido por metástase e pode comprometer vários órgãos, causando, inclusive, a morte[2].

| Fatores de risco

Fumo, dieta inadequada, exposição a substâncias tóxicas, consumo de bebidas alcoólicas, infecções em geral, exposição à radiação e poluição são alguns dos fatores considerados de risco na origem e no desenvolvimento da doença. A essa lista de fatores podemos incluir ainda a obesidade, o sedentarismo, as emoções e o estresse.

| Câncer e sistema imunológico

Nosso corpo é dotado de um sistema de defesa chamado de sistema imunológico. Muitas evidências levam a crer que ele tenha um papel de grande relevância no combate ao câncer. Células cancerosas são células estranhas ao organismo e esse sistema de defesa é capaz de reconhecê-las e até de conter a sua proliferação[3].

O funcionamento do sistema imunológico

O sistema imunológico tem, basicamente, a seguinte composição:

- » Células brancas (leucócitos): existem seis tipos dessas células: neutrófilos, eosinófilos, basófilos, monócitos, plasmócitos e linfócitos.
- » Linfócitos: podem ser T auxiliares, T supressor *e* T *killer* (ou células NK, = *natural killer)*, estes, por sinal, verdadeiros matadores, sempre alertas para nos defender dos agentes agressores.
- » Há, também, os linfócitos B, relacionados à fabricação dos anticorpos, que são as imunoglobulinas: M, G, A, D e E.
- » Macrófagos: os "faxineiros" desse sistema.
- » Linfocinas: interleucinas 1 e 2.
- » Sistema de complemento: ajuda na ação dos anticorpos[3,4].

Todos esses componentes formam uma espécie de exército de defesa. Diante de uma ameaça, seja um vírus, uma bactéria ou um câncer, eles interagem entre si para reconhecê-la e provocar sua destruição ou inativação.

Na maioria das vezes, se o organismo estiver hígido, isto é, forte, bem nutrido e sem doenças orgânicas ou psicológicas, esse exército encontra-se fortalecido e vence o inimigo. Por outro lado, se o corpo estiver fragilizado física ou emocionalmente, desnutrido ou debilitado por alguma doença, esse exército fica fraco e perde a batalha para os agressores.

Câncer e desnutrição

É comum pacientes com câncer apresentarem desnutrição, fraqueza, perda de peso, o que enfraquece ainda mais o sistema imunológico.

Algumas armas para a prevenção do câncer

Vejamos, agora, algumas armas que podem ser utilizadas para prevenir o câncer.

Exercícios físicos

Há evidências de que exercícios físicos moderados podem minimizar o risco de desenvolver câncer. Vejamos algumas.

Um estudo científico publicado no *British Journal of Cancer* concluiu que a prática de exercícios a longo prazo pode diminuir o risco de desenvolver câncer de mama, útero, ovário, colo do útero e vagina em atletas em comparação com não atletas.[5]

Outro estudo publicado no *Medicine and Science Sports and Exercise* detectou uma baixa prevalência de câncer de aparelho digestivo, tireoide, bexiga, pulmão, linfoma, leucemia, mieloma e doença de Hodgkin em atletas, quando comparada aos não atletas.[6]

Foi demonstrada, também, uma relação inversa entre o nível de atividade física e o risco de desenvolver câncer de cólon. Quanto maior o nível de atividade física, menor o risco de desenvolver câncer de cólon. Essa evidência está descrita num trabalho publicado no *American Journal of Epidemiology*[7].

Outra evidência, revelada num trabalho publicado no *Clinical & Experimental Immunology*, concluiu que os exercícios podem aumentar a proporção de linfócitos *natural killer* (células de defesa) na circulação[8].

Por fim, um artigo de revisão publicado na *Revista Brasileira de Medicina do Esporte* concluiu que a prática regular de exercícios moderados contribui para aperfeiçoar a capacidade de defesa do sistema imunológico[9].

Mas atenção: Os exercícios indicados para fortalecer o sistema imunológico sao os moderados. Exercícios intensos podem prejudicá-lo.

Com a palavra, o doutor Paulo Olzon, infectologista da Universidade Federal de São Paulo (Unifesp): "A prática excessiva de exercícios físicos pode fazer com que o sistema imunológico sucumba, abrindo as portas do organismo para infecções e cânceres. Não raro, atletas de elite são surpreendidos por doenças assim depois de provas mais puxadas"[10].

Alimentação saudável e hidratação adequada

Alimentação saudável e hidratação adequada também são armas importantes contra o câncer. Quanto mais natural forem, maior proteção conferem.

Arroz integral, pães integrais elaborados com vários tipos de grão, trigo, legumes, ervilha, soja, lentilha, feijão, peixes e crustáceos, algas, azeite de oliva, óleo de linhaça, cogumelos, nozes, avelãs, chocolate com alto teor de cacau (acima de 70%), tomate, frutas em geral (vermelhas, amarelas, laranjas), frutas cítricas, cenoura, beterraba e batata-doce são exemplos de alimentos que podem ajudar na prevenção do câncer.

Alho e cebola também são poderosos inimigos do câncer. A aveia é fonte de fibras e pode prevenir tumores do intestino, próstata e mama. Alecrim, orégano, manjericão e hortelã são exemplos de condimentos que ajudam a prevenir o câncer.

Esse tipo de alimentação provê nutrientes que fortalecem as células de defesa. Ao mesmo tempo, como veremos adiante, fornece ao organismo substâncias antioxidantes que, por sua vez, combatem os fatores cancerígenos.

Chá verde e água filtrada são exemplos de bebidas que podem ajudar a prevenir o câncer.

A combinação entre alimentação saudável, hidratação adequada e exercícios físicos também combate a obesidade, um dos fatores de risco para o desenvolvimento do câncer. Além disso, ajuda a controlar a glicemia e o colesterol.

Emoções

Para muitos, essa pode ser uma informação nova, mas emoções são armas que podem ser usadas contra o câncer.

Emoções positivas (como alegria) e manifestas (não reprimidas), serenidade, auto-aceitação (incluindo homossexualidade), boa interação social e familiar e estresse sob controle são exemplos de padrões mentais e comportamentais que fortalecem o sistema imunológico e aumentam as defesas do organismo. O medo é um sentimento que mina as nossas defesas naturais; lutar contra ele também faz parte das atitudes contra o câncer[3].

Algumas evidências levam a crer que a meditação também possa melhorar o padrão mental e imunológico[11] e, com isso, ajudar na prevenção e no tratamento do câncer.

| Considerações sobre radicais livres e antioxidantes

Como já foi dito, alguns alimentos têm ação comprovada no combate ao câncer. Isso porque contêm nutrientes com propriedades antioxidantes, ou seja, nutrientes que combatem os radicais livres. Não entendeu? Eu explico.

Radicais livres são moléculas que aparecem no organismo em decorrência da respiração, quando o oxigênio é transformado em energia. Como respirar é imprescindível para a nossa sobrevivência, uma pequena quantidade dessas moléculas não causa danos ao organismo.

Há, entretanto, situações em que a produção dessas moléculas ultrapassa o limite desejável e isso representa uma ameaça à integridade das células e do organismo. Tais situações incluem: exposição à poluição e a substâncias tóxicas, fumo, estresse e exercícios físicos intensos.

O excesso dessas moléculas pode causar doenças como câncer, mal de Parkinson, mal de Alzheimer, artrites, envelhecimento precoce, doenças cardíacas e pulmonares, arterosclerose, inflamações, doenças degenerativas, problemas nos genes e queda de resistência imunológica.

Porém, alguns alimentos têm o poder de combater o excesso de radicais livres, auxiliando na prevenção do câncer e de outras doenças. Vamos a eles:

» Todos os alimentos que contêm **vitamina C**: laranja, limão, abacaxi, acerola, banana, abacate, ameixa, caju, cereja, damasco, goiaba, mexerica, kiwi, mamão, maçã, manga, maracujá, melancia, melão, morango, nectarina, papaia, pera, pêssego, tangerina, tâmara fresca, tomate, uva, frutas secas. Tomate, batata-doce, agrião, alho, abobrinha, beterraba, brócolis, cebola, couve, couve-de-bruxelas, couve-flor, espinafre, ervilha, mostarda, nabo, pimentão, quiabo, rabanete, repolho e vagem, entre outros;

» Todos os alimentos que contêm **vitamina E**: óleos vegetais, abacate, amêndoa, amendoim torrado, avelã, azeitona, caju, castanha-do-pará, farelo de trigo, gergelim, aveia, germe de trigo, hortelã fresca, manga, nozes, molho de tomate, azeite de oliva e batata-doce, entre outros;
» Todos os alimentos que contêm **caroteno**: cenoura, laranja, tangerina, tomate, espinafre, brócolis, abóbora, abobrinha, acelga, alface, agrião, batata-doce, cebolinha, couve-de-bruxelas, couve-flor, erva-doce, ervilha, lentilha, milho, nabo, quiabo, azeitona, pimentão, pepino, repolho, salsa fresca, salsão, vagem. Abacate, abacaxi, acerola, ameixa, goiaba, banana, cereja, damasco, kiwi, limão, maçã, manga, mamão, maracujá, melão, melancia, morango, nectarina, papaia, pera, pêssego, frutas secas e uva, entre outros;
» Todos os alimentos que contêm **zinco**, **manganês**, **cobre**, **selênio** e **outros minerais**: grãos integrais, amêndoas, castanha-do-pará, damasco seco, carnes, frutos do mar etc[12,13].

Nota: Sono de qualidade também combate os radicais livres, colaborando na prevenção de doenças, entre elas o câncer[14].

| O que evitar

Até o momento, muito foi escrito a respeito dos alimentos e atitudes que auxiliam no combate ao câncer. Vejamos, agora, o que você deve evitar para proteger-se da doença.

| Açúcar

Muitas evidências fazem crer que o aumento da prevalência de câncer nos países ocidentais deve-se, em boa parte, ao aumento exponencial do consumo de produtos refinados, como o açúcar e a farinha branca[3].

O mecanismo pelo qual isso ocorre estaria relacionado ao elevado índice glicêmico desses produtos, que provoca um rápido aumento da glicemia.

Em resposta, o organismo libera insulina e IGF, uma molécula que favorece o desenvolvimento das células.

As células cancerosas, em especial, têm grande avidez por açúcar, porque sua sobrevivência depende da glicose.

Procure evitar, ainda, produtos elaborados com farinha branca e outros com elevado índice glicêmico como açúcar mascavo, xarope de milho, refrigerantes e outras bebidas adoçadas.

| Evite também

Alimentos que contenham gordura saturada (de origem animal) e gordura trans (ver Capítulo 17 – sobre gordura e colesterol), fumo, bebidas alcoólicas em excesso, poluição, radiação, sedentarismo, sentimentos negativos ou reprimidos, pessimismo, atitudes negativas, amargura e solidão, que podem enfraquecer o sistema imunológico, deixando o organismo mais vulnerável ao câncer e a outras doenças.

O estresse libera hormônios que favorecem o desenvolvimento do câncer. Portanto, manter o estresse sob controle ajuda a prevenir essa doença.

| Alerta importante

É preciso deixar bem claro que é possível prevenir o câncer adotando um estilo de vida saudável: alimentando-se e hidratando-se corretamente, praticando exercícios moderados com regularidade, dormindo bem, mantendo o estresse sob controle, ficando longe do cigarro, do álcool, das substâncias tóxicas, nutrindo bons sentimentos e praticando boas ações.

Porém, uma vez que a doença já esteja instalada, essas medidas por si só não são eficazes. Nesse caso, elas devem acompanhar o tratamento convencional, que é imperativo e pode incluir radioterapia, quimioterapia e cirurgia.

| Considerações finais

Foram descritos vários fatores e mecanismos capazes de nos proteger do câncer; são mecanismos de defesa naturais. A base para que eles mantenham-se ativos é sempre a mesma: hábitos saudáveis e padrão mental favorável. Esses, contudo, só dependem de você! Lembre-se de que os fatores externos respondem por 85% das mortes por câncer, ao passo que os genéticos, por apenas 15%.

Portanto, seu estilo de vida e seu perfil emocional podem ser o diferencial entre desenvolver ou não um câncer.

Por tratar-se de uma doença muito grave e, às vezes, fatal, como sempre o ideal é prevenir-se para que ela não se instale; visite o médico periodicamente e faça os exames profiláticos de rotina. Uma vez instalada, o tratamento médico convencional é imprescindível, podendo ser acompanhado por abordagens alternativas.

Os exemplos citados no início deste capítulo servem para lembrá-lo de que, assim como eles, você também pode superar essa doença.

Capítulo 7

Como superar a depressão

O LEITOR SABIA QUE ESTUDOS da Organização Mundial de Saúde revelam que a depressão será a doença mais comum do planeta no ano de 2030? A boa notícia é que, até lá, você tem tempo suficiente para se prevenir. E se acha difícil superar esse mal, saiba que isso é plenamente possível. Quer um exemplo?

A história mágica de J. K. Rowling

Joanne Kathleen Rowling é ninguém menos que a autora da série Harry Potter.

Nasceu em Bristol, Inglaterra, e cresceu em Chipping, onde ela e a irmã tiveram uma infância comum. Brincavam, estudavam e frequentavam a igreja de São Lucas, onde chegaram a fazer faxina para ganhar uns trocados.

Joanne formou-se em línguas, deu aulas em Portugal, casou-se e teve uma filha. Depois de dois anos, seu casamento teve um fim traumático e ela voltou para Edimburgo, com a filha e muitas anotações sobre Harry Potter.

Nesse momento, percebeu que sua vida não ia nada bem: a mãe havia falecido, o casamento, fracassado, tinha uma relação difícil com o pai, passava por dificuldades financeiras (dependia de benefícios) e tinha um bebê para sustentar.

Diante de tantas dificuldades, teve depressão. Em documentário feito por James Runcie, escritor e cineasta, e exibido pelo canal de televisão

GNT, Joanne descreve a fase depressiva da seguinte forma: "sensação de torpor, frio, incapacidade de sentir que seria feliz de novo, como se sugassem as cores da vida"[1]. Essa fase, inclusive, teve reflexos em sua obra ficcional, através da criação dos dementadores (criaturas malignas que vivem na escuridão, têm prazer em destruir e criar pânico e roubam a felicidade, a paz e as lembranças alegres ao seu redor).

Mesmo deprimida e diante de tantos obstáculos, ela não desistiu; reuniu forças para dar continuidade à vida e à sua obra. Procurou se concentrar e manter a capacidade criativa até no momento mais crítico da doença.

Entrou em contato com um agente literário que ofereceu o primeiro livro da série a várias editoras. Doze delas recusaram o manuscrito, até que ele fosse aceito para publicação.

Ela trabalhava como professora de francês quando soube que uma editora havia concordado em publicar o livro[2].

Joanne Kathleen Rowling, enfim, deu um xeque-mate na depressão! Não se deixou abater pela doença, ao contrário, usou o poder da sua imaginação para criar uma saga fantástica, com personagens apaixonantes. Com ela, ganhou fama, dinheiro e vários prêmios, porém esses não foram os seus maiores trunfos.

Seu primeiro maior trunfo foi ter superado a depressão. O segundo foi ter despertado nas crianças o interesse pela leitura. O leitor há de convir comigo que, fazer crianças migrarem da frente da TV e do computador para os livros, numa era dominada pela tecnologia, é um feito notável! É a realização dos sonhos de muitos ministros da Educação.

No fim, Joanne ficou francamente surpresa com a dimensão do sucesso de sua obra, pois, em suas palavras, ela desejava simplesmente "ser escritora e ser publicada"[1].

| Depressão

Muitas vezes nós, médicos, atendemos pacientes que acreditam estar com doenças orgânicas, quando, na verdade, o problema é psicológico. A frequência com que isso ocorre nos consultórios é bem maior do que se imagina, e muitos desses casos sequer são diagnosticados corretamente.

Nota: Estima-se que, aproximadamente 50% dos portadores de depressão, sejam tratados de forma inadequada[3].

A depressão é uma doença grave, marcada pela presença constante de tristeza e melancolia, falta de prazer, desinteresse generalizado, dificuldade de raciocínio, de concentração e de poder de decisão. O deprimido ainda pode apresentar sentimentos de culpa e tendência suicida.

Outra característica da depressão é seu alto índice de reincidência. O enfermo frequentemente também é acometido pela sensação de impotência.

A depressão é, sem dúvida, uma doença incapacitante. Sua origem pode estar relacionada à hereditariedade, ao estresse ou a nenhuma causa aparente. Como sua causa nem sempre é detectável, infelizmente muitas pessoas têm dificuldade para compreendê-la. De acordo com Ribeiro, "a depressão é uma enfermidade realmente grave e incapacitante para quem sofre, e inexplicável e irritante para todos aqueles que convivem com o enfermo"[4].

| Prevalência

Estima-se que ela ocorra com maior frequência entre as mulheres do que entre os homens. E não respeita idade: crianças, adolescentes, adultos ou idosos podem ser acometidos pela depressão. Estima-se, também, que haja maior prevalência entre solteiros ou separados em comparação aos casados ou com relações estáveis de boa qualidade.

| Fatores de risco

Representam fatores de risco para depressão: estresse, fatores genéticos, tipo de alimentação, uso de medicamentos, presença de patologias, tipo de personalidade, alcoolismo, tabagismo, uso de drogas. Ela ainda pode estar relacionada a períodos de variações hormonais importantes como puberdade, menopausa e pós-parto.

Por outro lado, a depressão representa um fator de risco de morte por suicídio.

Sintomas

Os sintomas físicos da depressão podem incluir: cansaço, alterações do sono, alterações do apetite, variações de peso, falta de desejo sexual, queixas gastrointestinais, dor de cabeça, tonturas, dor nas costas.

Já os sintomas emocionais costumam envolver: tristeza, desânimo, falta de prazer, insatisfação, dificuldade de concentração, falta de esperança, sensação de vazio, estresse, sentimento de culpa, perda de interesse generalizada, dificuldade para tomar decisões, baixa autoestima, irritabilidade, nervosismo, inquietação e pensamentos suicidas.

O funcionamento do cérebro

Para entender a depressão, primeiro é preciso entender como funciona o cérebro. Então, aqui vai uma explicação bem simples.

O cérebro humano é formado por milhões de células que se chamam neurônios. Para que ele funcione adequadamente, é preciso que os neurônios se comuniquem entre si, transmitindo informações uns aos outros. Eles o fazem através de substâncias químicas chamadas neurotransmissores, presentes nas sinapses (espaço existente entre os neurônios).

Há vários neurotransmissores conhecidos, porém, quando o assunto é depressão, há alguns de especial importância: a serotonina, a dopamina e a noradrenalina.

Efeitos da serotonina

A serotonina, além de ser responsável pela sensação de bem-estar, tem efeito sobre o sono, o humor, o apetite, a dinâmica sexual, a produção e a liberação de hormônios, o equilíbrio térmico, as funções motoras, a sensibilidade à dor e as funções cognitivas. Sua falta está relacionada a transtornos do afeto e do humor[5].

Efeitos da dopamina

A dopamina é responsável pela sensação de prazer e satisfação, pela atividade motora e coordenação. Também interfere nas funções cognitivas, de planejamento, memória, emoções e estresse. Sua falta está relacionada à doença de Parkinson e a outros distúrbios psíquicos[5].

Efeitos da noradrenalina

Entre as funções da noradrenalina estão: vasoconstricção, estimulação cardíaca, inibição do funcionamento do aparelho digestivo e dilatação das pupilas.

Há alguns anos, o que hoje conhecemos como transtorno bipolar era chamado de psicose maníaco-depressiva. Pois é, acredita-se que a falta de noradrenalina seja responsável pela fase depressiva desse transtorno[6].

Neurotransmissores e depressão

Há evidências de que a deficiência desses neurotransmissores no cérebro seja a base da depressão, pois a análise da urina de pacientes deprimidos revelou diminuição de resíduos de serotonina, dopamina e noradrenalina[4]. Em face desses dados, nada mais lógico do que estudar maneiras de aumentar a quantidade desses neurotransmissores no cérebro, com o intuito de obter melhora ou remissão da doença.

Os remédios e a depressão

Os remédios vieram como uma alternativa para acompanhar o tratamento psicoterápico, que é extremamente importante, porém, muitas vezes, insuficiente para a recuperação do paciente. Inibidores da recaptação da serotonina e noradrenalina são exemplos desses medicamentos.

Porém, o tratamento medicamentoso é caro, demorado, tem efeitos colaterais e, mesmo assim, uma parte dos pacientes não melhora ou não consegue curar-se completamente, apesar da medicação[7].

Felizmente, existem outras alternativas para elevar naturalmente os níveis desses neurotransmissores no cérebro.

| Os exercícios e a depressão

"Mais exercício e menos antidepressivo" é o título sugestivo do capítulo dez do livro *Curar o stress, a ansiedade e a depressão sem medicamento nem psicanálise*[8], do doutor David Servan-Schreiber, psiquiatra e neurocientista francês.

Nele, o médico explica que a depressão tem como marca registrada a falta de prazer e, invariavelmente, é acompanhada por pensamentos negativos. Acrescenta que a prática de exercícios pode acabar com os pensamentos negativos, estimular o otimismo e a criatividade, além de auxiliar na prevenção dos episódios de depressão[8].

Muitos de vocês, leitores, já ouviram falar que o exercício produz endorfinas. É verdade! Essas substâncias controlam a dor, o estresse e promovem sensação de euforia, e esse é um dos mecanismos pelos quais os exercícios melhoram os sintomas da depressão.

Os exercícios também elevam os níveis de serotonina e dopamina no cérebro. Assim, promovem sensação de bem-estar e prazer, além de melhorar o sono, o humor, o apetite, a disposição para o sexo, o estresse e a coordenação motora.

Os ganhos estéticos proporcionados pelo exercício (perda de peso, aumento da massa muscular etc.), funcionam como um reforço positivo do ponto de vista psicológico, pois melhoram a autoimagem, o autoconceito e a autoestima. Com isso, o indivíduo fica motivado a dar continuidade a essa prática e acaba inserido numa espécie de círculo virtuoso de bem-estar físico e mental. Isso o ajuda a administrar melhor a própria vida e favorece o seu engajamento social[4], profissional e familiar.

E, para encerrar, os exercícios ajudam a metabolizar a adrenalina presente no sangue em situações de estresse e desgaste emocional, além de diminuir a ansiedade.

A prática de exercícios demonstra grande eficácia nas formas leve e moderada da depressão. Porém, os portadores de depressão grave também podem beneficiar-se dela[3,8].

Os exercícios e os antidepressivos

Há inúmeros estudos científicos comparando os efeitos dos exercícios aos dos antidepressivos no tratamento da depressão. Vejamos os resultados de alguns deles.

Um trabalho publicado na *Psychosomatic Medicine* analisou os efeitos dos exercícios comparados aos do uso de medicação (sertralina) em pacientes com depressão. Depois de quatro meses, todos os pacientes apresentaram melhora. No entanto, depois de dez meses, foi observado que os pacientes que se exercitavam apresentaram taxas de recaída bem menores do que os que usavam medicação[9].

Outro estudo feito por pesquisadores do Instituto Karolinska, em Estocolmo (Suécia), demonstrou que os exercícios desencadeiam a formação de novas células cerebrais, mais uma explicação para os efeitos positivos dos exercícios sobre a depressão. Tanto os exercícios quanto os antidepressivos do tipo inibidor seletivo da recaptação da serotonina favorecem a proliferação de células em áreas cerebrais importantes para a memória e o aprendizado[10].

Nota: O Instituto Karolinska é o responsável por apontar os candidatos ao Prêmio Nobel.

Os exercícios e a terapia

Um estudo publicado na *Cognitive Therapy and Research* analisou os efeitos da corrida, da terapia cognitiva e da combinação entre ambas em pacientes com depressão leve a moderada. O resultado mostrou que houve melhora considerável, porém indistinta nos três grupos, sugerindo que um programa de treinamento físico é uma alternativa que não deve ser ignorada; além de ser benéfica, é, também, menos dispendiosa[11].

Tipos de exercícios

Aparentemente, qualquer tipo de exercício pode apresentar bons resultados no combate à depressão[3]. Os aeróbicos ativam a circulação do sangue, melhoram a oxigenação cerebral, aperfeiçoam as ações dos neurotransmissores e podem estabelecer novas conexões entre os neurônios, assim como produzir novas células cerebrais. Porém, os exercícios anaeróbicos também são benéficos no tratamento da depressão.

Um estudo feito com pacientes idosos e deprimidos e publicado no *Archives International Medicine* mostrou que a prática de exercícios aeróbicos tem efeitos similares aos do uso de antidepressivos, depois de quatro meses de tratamento[12].

Inúmeros outros estudos corroboram a eficácia da atividade física no combate à depressão.

Vale mencionar que períodos mais longos de treinamento físico geram efeitos antidepressivos mais consistentes e duradouros[3].

| Considerações finais

É preciso ter em mente que indivíduos depressivos mostram desinteresse por qualquer atividade e, na maioria das vezes, falta-lhes iniciativa e motivação. Isso dificulta a adesão a qualquer tipo de terapia, principalmente as alternativas.

Sendo a depressão uma doença grave, recorrente e incapacitante, torna-se imperativo considerar todos os recursos disponíveis para auxiliar o enfermo na sua jornada rumo à recuperação. Entre esses recursos estão a psicoterapia, os fármacos e os exercícios físicos, cujo valor terapêutico não pode ser ignorado.

Por sua vez, convém que o programa de exercícios seja consistente e tenha supervisão profissional, o que eleva as chances de adesão por parte do paciente.

Capítulo 8

Como superar o estresse
Considerações sobre somatização

Vamos conhecer a história de alguém que, atualmente, parece viver no Olimpo, mas que teve sua trajetória permeada por episódios de grande estresse.

Nota: Olimpo ou Monte Olimpo é a morada de alguns dos deuses da mitologia grega.

A história de um "Midas"

Paul McCartney, um dos membros da banda musical de maior sucesso de todos os tempos (The Beatles), foi, com seus companheiros de banda, responsável por uma verdadeira revolução na história da música. Mesmo hoje, quarenta anos após a separação da banda, continua em atividade e influenciando músicos de várias gerações.

Apesar da carreira brilhante e bem-sucedida, essa lenda viva que é Paul McCartney passou por momentos de muito estresse no decorrer da vida.

O primeiro episódio de grande estresse de Paul foi por ocasião da morte da mãe, Mary, em 1956, quando ele tinha, apenas, catorze anos.

Depois, logo no início de sua carreira, com aproximadamente dezoito anos de idade, ia com seus companheiros de banda a Hamburgo, na Alemanha, para se apresentar em bares nos quais as condições de trabalho não eram exatamente ideais. O ambiente era insalubre e as acomodações, precárias. Às vezes, chegava a tocar por várias horas sem descanso e, o que é pior, sem acesso à alimentação adequada (algumas vezes ela era substituída por pílulas energéticas).

Com a chegada do sucesso, o estresse continuou em virtude das pressões que sofria por parte da gravadora, da mídia, dos fãs.

A morte do empresário Brian Epstein, em 1967, também representou um grande golpe para ele e para os demais membros do grupo. Brian era um empresário completo: cuidava dos contratos, da imagem e, às vezes, atuava como uma espécie de pai para eles. Com a ausência de Mr. Epstein, Paul passou a desempenhar o papel de líder do grupo, o que também trouxe desgaste junto a seus companheiros.

Em 1970, os Beatles se separaram. Paul não queria a separação, porém, divergências internas tornaram inviável a continuidade do trabalho em grupo. Esse foi outro grande golpe em sua vida.

Acostumado a compor e cantar com John Lennon, viu-se forçado a seguir carreira solo. Em princípio, hesitou; contudo, com o apoio da esposa, Linda McCartney, enveredou pelo que acabou se tornando outro caminho para o sucesso.

Então, novamente, Paul se vê assombrado pela morte. Em 1976, morre Jim McCartney, seu pai. Em 1980, morre John Lennon, cujo assassinato o fez acreditar que ele seria a próxima vítima. E, em 1998, morre Linda McCartney, sua esposa.

Dizer que a morte de Linda McCartney foi um choque para ele é dizer pouco. Linda não era apenas mulher de Paul, era, também, sua musa. Foram trinta anos de casamento sem indícios de desgaste conjugal e com sinais visíveis de amor do início ao fim. Especialistas afirmam que a morte de um ente querido é uma das maiores fontes de estresse, para não dizer a maior delas. Imagine o estado emocional de Paul diante de todas essas perdas!

Seu segundo casamento foi uma relação conturbada — para dizer o mínimo — e o processo de divórcio, tumultuado e extremamente desgastante; outra fonte de estresse para ele.

Tendo superado todo o estresse ao qual foi exposto, Paul McCartney permanece vivo, saudável e bem-sucedido como sempre. Seu talento, carisma e genialidade continuam inabaláveis e puderam ser conferidos pelos fãs brasileiros (inclusive por mim) em 2010, por ocasião dos shows que fez no país durante esse ano.

Ele continua sendo um "Midas" da música.

Nota: De acordo com a mitologia grega, o rei Midas transformava em ouro tudo que tocava.

| Estresse — um inimigo oculto

Assim como acontece com a depressão, o estresse também é uma ocorrência frequente e, algumas vezes, não diagnosticada nos consultórios médicos. Muitas vezes, pode apresentar-se disfarçado de outra afecção, como uma virose, gastrite ou dermatite que acaba revelando-se de origem emocional.

Mas, afinal, o que é o estresse?

Pode-se dizer, de maneira simples, que é uma reação do organismo, mediada por hormônios e neurotransmissores, em resposta a situações de perigo, tensão ou outras emoções.

| Entendendo o eixo hipotálamo-hipófise-suprarrenal

Para melhor compreender o estresse, vamos rever, de maneira bem simples, como funciona o eixo hipotálamo-hipófise-suprarrenal.

Do ponto de vista fisiológico, o que ocorre é, basicamente, o seguinte:

Situações de perigo, tensão, emoções ativam o hipotálamo (uma estrutura localizada no cérebro). Através de liberação hormonal, o hipotálamo ativa a hipófise (uma glândula situada na base do cérebro). Uma vez ativada, a hipófise secreta o hormônio ACTH, que ativa as glândulas suprarrenais, que são pequenas glândulas situadas acima dos rins e responsáveis pela liberação de alguns hormônios, entre eles: a adrenalina, a noradrenalina e o cortisol.[2]

Os hormônios do estresse e seus efeitos

Adrenalina, noradrenalina e cortisol são conhecidos como "os hormônios do estresse", e produzem os seguintes efeitos no organismo: estreitamento dos vasos sanguíneos, palidez, extremidades frias ou suadas, aumento da frequência cardíaca e respiratória, aumento da pressão arterial, sudorese. Esses nada mais são do que os sinais e os sintomas iniciais do estresse, que também podem incluir: irritabilidade, nervosismo, tensão muscular, ansiedade e desconforto gástrico.

Estresse agudo *versus* estresse crônico

Curiosamente, nosso organismo foi programado para sofrer estresse, que, inclusive, é apontado como um dos responsáveis pela preservação da espécie humana na Terra.

Até certo ponto, necessitamos de estresse, pois ele contribui para a nossa proteção e evolução. Isso se aplica às reações de curta duração. Porém, há situações nas quais as reações de estresse tornam-se mais prolongadas. Nessas circunstâncias, o organismo fica fragilizado e mais propenso a adquirir doenças orgânicas e psicológicas.

Causas de estresse

São potencialmente causadores de estresse: morte de um ente querido, separação conjugal, doenças na família, desemprego, conflitos profissionais (incluindo assédio moral e sexual), estilo de vida inadequado, certos tipos de personalidade, falta de autocontrole, sentimento de angústia. Enfrentar o trânsito caótico das grandes cidades e seus congestionamentos intermináveis, cuidar de filhos (normais ou com deficiência) em condições inadequadas[9] e cuidar de pessoas com limitações (físicas ou mentais) são situações desgastantes que também podem gerar estresse.

| Possíveis consequências do estresse

Caso a fonte de estresse não seja eliminada, é comum o aparecimento de outros sintomas: cansaço, insônia, dor nas costas, dor na nuca, mal-estar e problemas de memorização.

A permanência do fator estressante agrava tais sintomas e enfraquece o sistema imunológico, principalmente as células NK (poderosas células de defesa), que perdem a eficácia diante da noradrenalina e do cortisol. Com isso, doenças como viroses e câncer se instalam mais facilmente.

Em estágios mais avançados, o estresse pode causar depressão, úlcera gástrica, hipertensão arterial, derrames e infarto.

| O estresse e as mulheres

O próprio perfil hormonal feminino já torna as mulheres mais sensíveis aos efeitos do estresse do que os homens. A ação dos hormônios do estresse, em especial o cortisol, pode causar: queda de cabelos, problemas de pele, distúrbios alimentares, inchaços, constipação intestinal, dores musculares, dificuldade de concentração, irritabilidade, ansiedade, prejuízos de memória, infecções vaginais (pela queda da resistência imunológica), irregularidades menstruais, dificuldade para ovular/engravidar e falta de desejo sexual[10]

| Considerações sobre somatização

Podemos dizer que somatização é a manifestação orgânica de um problema psicológico. Funciona mais ou menos assim: problemas como dor de cabeça, tontura, cansaço, dor no peito, falta de ar, dor nas costas, insônia, dor abdominal, fibromialgia podem, muitas vezes, ter origem psíquica e não orgânica, como a maioria das pessoas acredita. Vale reforçar que, nos consultórios médicos, isso é muito comum.

Muitos problemas odontológicos também podem ter origem emocional.

Desgastes psicológicos decorrentes de separação conjugal, morte de um ente próximo e depressão são as causas mais comuns de manifestações somáticas. Entretanto, qualquer outro sentimento pode desencadeá-las.

Da mesma forma que a predisposição para o estresse é diferente de pessoa para pessoa, assim também é a tendência à somatização: algumas pessoas são mais e outras menos vulneráveis a ela. Perfil psicológico, fatores culturais, físicos e genéticos estão envolvidos nessa variação.

| Mecanismos da somatização

O sistema nervoso pode perceber as emoções e responder a elas. Existem três formas pelas quais as alterações psicológicas podem interferir no funcionamento dos órgãos. A primeira é via nervos motores, cujo alvo é a musculatura esquelética.

A segunda é via sistema nervoso autônomo, cujos alvos são os órgãos.

A terceira é por via hormonal.

Em outras palavras, isso significa que uma ou mais dessas vias podem estar envolvidas na causa da maioria das doenças somáticas.

Infelizmente, tais doenças podem atingir vários órgãos e os exemplos que temos não são poucos. Vamos e eles:

» Doenças cardiovasculares: arritmias, palpitações, aumento da pressão arterial, derrames e infartos podem surgir em decorrência dos hormônios liberados durante o estresse (adrenalina, noradrenalina e cortisol);
» Doenças respiratórias: asma (pode surgir por falta de dilatação dos brônquios em decorrência de abalos emocionais) e rinite alérgica (por descontrole imunológico de origem emocional);
» Distúrbios do aparelho digestivo: contrações esofágicas, acidez no estômago, gastrite, úlcera, aceleração dos movimentos do intestino, cólica, diarreia e constipação também podem surgir. A segunda e a terceira vias estão envolvidas nesses distúrbios;
» Alterações do sistema imunológico: além da queda de resistência imunológica, o estresse psicológico também pode causar descontrole das células de defesa, gerando doenças autoimunes como lúpus e artrite;
» Doenças da pele: através de terminações nervosas, a pele rapidamente responde às alterações emocionais. Desidrose, dermatites, acne,

herpes, psoríase, ptiríase rósea de Gibert e queda de cabelo são alguns dos problemas que a pele pode apresentar diante de abalos emocionais;
» Distúrbios endócrinos: provavelmente o leitor já ouviu alguém dizer que tem "diabete emocional". Pois é, é verdade. Tanto diabetes quanto problemas de tireoide podem decorrer de alterações emocionais.

É importante salientar que estresse e somatização não só podem causar doenças como também agravar as já existentes, por exemplo: câncer, aids, diabetes, hipertensão arterial e outras doenças cardíacas.

Até agora, muito foi escrito sobre o estresse e a somatização. Contudo, o que fazer para evitar esses problemas?

| Uma alternativa antiestresse

Quer manter o estresse longe de você? Então se alimente corretamente, pratique esporte, durma bem, tome sol, hidrate-se, relaxe, divirta-se. Visite os amigos e parentes, tenha uma vida social ativa. Procure a companhia de pessoas otimistas, divertidas, ria com elas. Tente se relacionar fisicamente com alguém de quem você realmente goste; isso evita o desgaste e a sensação de vazio que se segue aos envolvimentos físicos desprovidos de sentimento.

Ofereça ao seu cérebro informações de qualidade; leia um bom livro, assista a um bom filme. Evite o noticiário sobre violências e tragédias, pois isso pode estimulá-lo negativamente, potencializando o estresse.

Ter um animal de estimação ou cuidar de plantas e praticar ioga são outras alternativas, mas, acima de tudo, tente descobrir a causa do estresse e afastá-la, sempre que possível.

| O estresse e os exercícios

Alguns dos mecanismos através dos quais os exercícios físicos auxiliam na prevenção e no tratamento do estresse já foram descritos no Capítulo 7 (sobre depressão); entretanto, vamos revê-los bem resumidamente:

» Ajudam a metabolizar a adrenalina presente no sangue em situações de estresse e desgaste emocional, além de diminuir a ansiedade;
» Promovem aumento da produção e liberação de endorfinas, modulando a dor e produzindo um estado de euforia;
» Aumentam a produção de serotonina e dopamina, propiciando bem-estar e prazer, minimizando os efeitos do estresse.

Os exercícios (principalmente aeróbicos) ativam a circulação sanguínea, o que melhora a oxigenação do cérebro, ativa a mente, aprimora o raciocínio, a criatividade, a memória e outras habilidades mentais.

Segundo Goldberg e Elliot, "a atividade física regular eleva a autoestima e desvia a atenção dos fatores de estresse do dia a dia"[12].

| O estresse, a somatização e as terapias

Em alguns casos, a abordagem não medicamentosa do estresse e da somatização também pode incluir terapias como a cognitivo-comportamental, a psicanálise e a meditação.

A terapia cognitivo-comportamental visa ensinar o indivíduo a controlar os sintomas, prevenindo, assim, as manifestações físicas decorrentes das emoções.

A psicanálise tenta identificar a origem do problema. Esse tipo de terapia é demorada, porém costuma dar bons resultados.

A meditação visa controlar a ansiedade, reduzindo o impacto do estresse.

| Nos casos graves

Nos casos mais graves, que têm como consequência a instalação de doenças orgânicas, não basta somente afastar a causa e tratar o estresse; é preciso, também, tratar as doenças propriamente ditas. Muitas vezes, esse tratamento envolve o uso de medicação.

| Considerações finais

O tratamento do estresse pode variar de acordo com o tipo de manifestação e com o grau de acometimento. Em fase inicial, certamente a abordagem será diferente daquela adotada em fases mais avançadas.

Entretanto, se você adotar hábitos saudáveis, provavelmente será capaz de manter o estresse sob controle e evitar a somatização, sem grandes esforços. Aqui, como na maioria das situações, a regra é alimentação correta, prática regular de exercícios moderados, sono de qualidade, lazer, evitar excessos de todo tipo. Evitar o contato com drogas e, principalmente, moderar a ingestão de álcool, cujo abuso oferece riscos de doenças e dependência.

Contudo, ainda assim, você deve ficar atento aos sinais que o seu corpo emite, pois o cérebro está sujeito a variações de humor que podem ocorrer a qualquer momento e que independem da nossa vontade. Você já sabe as possíveis consequências dessas variações.

Através do autoconhecimento e do modo como interage com o meio ambiente, você pode detectar precocemente a ocorrência do estresse e agir rapidamente, para evitar suas consequências.

Procure orientação médica, sempre que estiver em dúvida em relação ao seu real estado de saúde físico e mental. O profissional de medicina pode auxiliá-lo na identificação da causa e no tratamento do seu problema.

Capítulo 9

Como superar a osteoporose
Considerações sobre osteopenia

Este capítulo, bem como os dois próximos, abordam assuntos relacionados à saúde dos ossos e estruturas afins (músculos, articulações, tendões).

Vamos começar pela osteoporose, que é, de longe, a doença óssea mais frequente entre adultos e idosos[1].

A atividade dos ossos

Para começar, convém esclarecer que os ossos são um tecido sempre em atividade, capaz de renovar-se mesmo na fase adulta. É por isso que ossos fraturados se consolidam com o tempo. Estima-se que 25% de toda a estrutura óssea do organismo sofra um processo de renovação todos os anos[2].

O papel dos osteoclastos e dos osteoblastos

Para entender a osteoporose, primeiro é preciso saber como funciona o tecido ósseo. Para isso, vamos conhecer o papel das células responsáveis pela renovação (remodelação) óssea: os osteoclastos e os osteoblastos.

Enquanto os osteoblastos fabricam ossos, os osteoclastos são responsáveis pela reabsorção óssea. Em circunstâncias normais, esse sistema encontra-se em equilíbrio, pois ao mesmo tempo que os osteoclastos formam cavidades nos ossos, os osteoblastos preenchem essas cavidades.

Quando, por alguma razão, os osteoclastos tornam-se mais ativos que os osteoblastos, a estrutura óssea começa a apresentar falhas. É o que chamamos de perda de massa óssea.

| Osteoporose *versus* osteopenia

Osteoporose é uma doença em que os ossos apresentam-se deteriorados por perda de massa óssea, o que os torna fracos e, por isso, quebradiços.

Trata-se de uma doença silenciosa, o que significa que ela não causa sintomas. Infelizmente, muitas vezes só se descobre a doença quando já houve perda significativa da massa óssea.

Já o termo osteopenia indica uma densidade óssea abaixo do normal, em comparação a pessoas do mesmo sexo e faixa etária.

| A osteoporose no Brasil

No Brasil, há mais de 5 milhões de pessoas com osteoporose.

| Fatores de risco

O fator genético é o mais importante. Entretanto a menopausa, menopausa precoce, retirada dos ovários, idade, baixa estatura e baixo peso, etnia branca ou asiática, imobilização prolongada e anorexia nervosa são outros fatores de risco para o desenvolvimento da osteoporose.

Ausência de menstruação; consumo de fumo e álcool; uso prolongado de corticoides, hormônios tireoidianos ou anticonvulsivantes, deficiência de cálcio e de vitamina D; consumo excessivo de cafeína, alimentos ácidos e sal; sedentarismo; insuficiência renal crônica; gastrectomia ou alterações cirúrgicas do aparelho digestivo; problemas de absorção do trato digestivo;

hiperparatireoidismo, hipertireoidismo e diabetes também representam risco para o desenvolvimento da doença.

| O estrógeno e a osteoporose

O estrógeno (um hormônio ovariano) é um dos fatores capazes de estimular a atividade dos osteoblastos. Isso explica por que mulheres na fase pós-menopausa têm maior risco de desenvolver osteoporose (essa é a fase na qual o nível de estrógeno cai demasiadamente).

Nota: O risco de osteoporose em homens é menor, quando comparado a mulheres. Além disso, neles a doença se manifesta, aproximadamente, dez anos mais tarde.

| Possíveis complicações da osteoporose

Em geral, as complicações surgem em decorrência de quedas e fraturas, que são muito comuns e muito temidas pelos portadores dessa enfermidade. Esse temor procede, pois são potencialmente incapacitantes, física e psicologicamente. Especial atenção deve ser dada a esses pacientes, porque eles podem desenvolver quadros depressivos.

As fraturas ocorrem mais frequentemente em ossos do quadril, do antebraço e da coluna vertebral.

Muitas pacientes que sofrem fratura no quadril acabam submetidas à imobilização prolongada. Infelizmente, algumas vão a óbito, que geralmente ocorre por complicações como trombose venosa profunda, embolia pulmonar, pneumonia e infecção urinária.

Por outro lado, fraturas que comprimem a coluna podem causar diminuição da altura, dor, problemas de equilíbrio e dificuldade para caminhar.

| A verdade sobre a osteoporose

Uma vez que a doença já esteja instalada, não há um tratamento realmente eficaz para recuperar a massa óssea perdida.

Tendo em vista o custo do tratamento, seus efeitos colaterais e resultados pouco satisfatórios, nada mais lógico do que pensar em ações preventivas. Em outras palavras, para fugir da osteoporose, o jeito é se prevenir!

Algumas medidas simples podem ser adotadas. Entre elas estão: alimentação rica em cálcio, banhos de sol e exercícios físicos. Entretanto, convém que essas medidas sejam adotadas desde a infância e mantidas na adolescência e na vida adulta.

| A importância da prevenção desde a infância

No período da infância, o organismo ganha massa óssea gradualmente e na adolescência, esse processo torna-se mais rápido. Até os vinte anos de idade, o organismo terá acumulado 90% do total de massa óssea. Portanto, praticar exercícios durante a infância e a adolescência, tomar sol e se alimentar corretamente podem ser o diferencial entre desenvolver ou não osteoporose na fase adulta.

| Pico de massa óssea

Essa expressão refere-se à máxima quantidade de massa óssea acumulada pelo organismo. Aproximadamente 90% desse pico é atingido até os vinte anos de idade; até os 35 anos, ainda pode haver ganho de massa óssea e a partir daí perde-se, aproximadamente, 0,5% de massa óssea ao ano. Nas mulheres, a perda pode acentuar-se nos anos que se seguem à menopausa.

Portanto, trate de fazer sua reserva de massa óssea desde a infância, consumindo leite, iogurte, praticando exercícios e tomando sol, porque até os vinte anos você terá acumulado, praticamente, toda a massa óssea da qual irá dispor para o resto da vida!

| Prevenção da osteoporose: alimentação, sol e exercícios

Vamos, agora, saber um pouco mais sobre cada um dos itens que compõem a receita de prevenção da osteoporose.

1 - Alimentação

Como já foi dito, a alimentação deve ser rica em cálcio, mineral importantíssimo para a formação e manutenção dos ossos.

Entendendo o papel do cálcio

O cálcio é fundamental para o organismo. É importante para a formação, manutenção e fortalecimento dos ossos, além de participar do processo de coagulação sanguínea, da dinâmica dos músculos e da condução de impulsos nervosos.

Sua concentração normal no sangue varia de 9,0 a 10,0 mg% e apresenta uma variação diária mínima. Os responsáveis pela manutenção do nível são o paratormônio (hormônio da glândula paratireoide), a vitamina D e a calcitonina.

Quando o nível de cálcio no sangue fica abaixo do normal, o organismo é obrigado a repô-lo, retirando-o dos ossos. Trata-se de um mecanismo de defesa contra a diminuição do nível de cálcio. Porém, se o nível permanecer baixo por longos períodos, a reposição torna-se crônica; isso, obviamente, pode enfraquecer os ossos. Para que isso não ocorra, seria conveniente que as necessidades de cálcio fossem supridas pela alimentação.

Necessidades diárias de cálcio

As necessidades diárias de cálcio variam de acordo com sexo e idade, a saber:

Crianças de 0 a 6 meses	400 mg/dia
Crianças de 6 meses a 1 ano	600 mg/dia
Crianças de 1 a 5 anos	800 mg/dia
De 6 a 10 anos	800-1200 mg/dia
De 11 a 24 anos	1200-1500 mg/dia

Homens
De 25 a 65 anos   1000 mg/dia
Acima de 65 anos   1500 mg/dia

Mulheres
De 25 a 50 anos   1000 mg/dia
Gestação e lactação   1200-1500 mg/dia
Acima de 50 anos   1500 mg/dia
Com reposição hormonal   1000 mg/dia
Sem reposição hormonal   1500 mg/dia
Acima de 65 anos   1500 mg/dia

Fonte: National Institute of Health (NIH)[7]

| As fontes de cálcio

As principais fontes de cálcio são o leite e seus derivados.

Alimento	**Quantidade de cálcio**
Leite (200 ml)	210 mg
Leite (1 litro)	1050 mg
Iogurte (100 g)	153 mg
Requeijão (100 g)	104 mg
Brócolis ou couve (100 g)	187 mg
Feijão branco (3 conchas)	476 mg
Sardinha (1 lata)	450 mg
Amêndoas (100 g)	300 mg

| Fatores que interferem na absorção do cálcio

O problema é que nem todo cálcio ingerido consegue ser absorvido pelo aparelho digestivo; a questão da absorção do cálcio é um tanto complexa.

Mesmo alguns alimentos ricos em cálcio, como peixe, frutos do mar, folhas verde-escuras e brócolis muitas vezes têm sua absorção prejudicada por causa da presença de outras substâncias (oxalato, nesse caso).

A absorção de cálcio também pode ser prejudicada por: farinhas ou cereais em grande quantidade, tetraciclina, deficiência de vitamina D, alterações cirúrgicas ou distúrbios de absorção do aparelho digestivo, sulfato ferroso (durante o processo de absorção, cálcio e ferro competem entre si; ganha aquele cuja deficiência no organismo for mais acentuada).

Alimentos ricos em fosfato, como carnes e produtos industrializados, também podem interferir na absorção de cálcio, assim como a presença de gordura e cafeína.

O equilíbrio de cálcio no organismo também pode ser alterado pelo uso de diuréticos (não tiazídicos), sal e proteínas em excesso.

Nota: A complementação de cálcio está indicada nos casos de intolerância ao leite ou naqueles em que a ingestão seja deficiente.

| As bebidas doces e os ossos

Um estudo científico publicado no *Journal of Pediatrics* revelou que algumas crianças estão ingerindo menos leite e mais bebidas adoçadas. Essas crianças apresentaram baixa ingestão diária de cálcio, magnésio, fósforo, proteínas, vitamina A e, como se isso não bastasse, também apresentaram ganho de peso (devido ao alto teor calórico das bebidas adoçadas)[11].

Um segundo estudo científico publicado no *Bone – Official Journal of the International Bone and Mineral Society* sugere que bebidas adoçadas podem exercer efeitos deletérios sobre os ossos e o equilíbrio mineral[12].

E um terceiro estudo, publicado no *American Journal of Public Health*, mostrou que o consumo regular de leite na juventude e mesmo na fase adulta está associado com melhor densidade óssea na velhice[13].

Diante desses dados, pode-se inferir que o consumo excessivo de bebidas doces (entre elas, o refrigerante) em substituição ao leite pode causar deficiência de cálcio e nutrientes, além de outros problemas. É bom lembrar que quando o cálcio no sangue fica abaixo do normal, o organismo é obrigado a repô-lo retirando-o dos ossos; com o tempo, isso pode acarretar fragilidade óssea.

Consumir refrigerantes em vez de leite é ruim em qualquer idade, porém, em crianças, isso adquire contornos dramáticos. Vejamos por quê.

Em geral, crianças que consomem refrigerante no lugar de leite tornam-se adolescentes que consomem refrigerante em vez de leite. Agora, vocês se lembram do pico de massa óssea? É a quantidade máxima de massa óssea que o organismo acumula para toda a vida. Pois é, 90% desse total ocorre até os vinte anos de idade, ou seja, na adolescência. Portanto, é justamente na adolescência que o organismo mais necessita de cálcio.

Além disso, refrigerantes à base de cola contêm fosfato, que também pode interferir no processo de absorção do cálcio pelo aparelho digestivo.

Portanto, tomar refrigerantes ou oferecê-los às crianças é prestar um grande desserviço à própria saúde e à saúde delas.

2 - A importância do sol e da vitamina D

A vitamina D é importante porque auxilia a mineralização dos ossos. A necessidade diária é de 10 a 20 mcg/dia, e ela pode ser encontrada em alimentos como óleos de peixes, fígado, leite, ovos, sardinha, atum ou obtida através da exposição solar. Para isso, é preciso expor-se ao sol alguns minutos por dia, pois ele ativa a vitamina D.

Estima-se que, expor braços e/ou pernas ao sol por quinze minutos, diariamente, seja suficiente para obter a quantidade necessária dessa vitamina.

3 - Exercícios físicos

Antes de falar sobre os efeitos dos exercícios no combate à osteoporose, vamos saber um pouco sobre a relação osso-músculo.

A relação osso-músculo

Do ponto de vista anatômico, os músculos se inserem nos ossos; toda vez que se trabalha os músculos, os ossos são submetidos a forças físicas que favorecem o seu fortalecimento. Portanto, exercícios físicos podem fortalecer tanto os músculos quanto os ossos. Pessoas com músculos pouco desenvolvidos tendem a ter ossos frágeis, ao passo que pessoas com músculos desenvolvidos tendem a ter ossos mais fortes. Essas últimas, em tese, correm menos risco de desenvolver osteoporose.

Osteoporose e exercícios I

Algumas teorias tentam explicar a influência da atividade física sobre a dinâmica óssea. Teorias à parte, as evidências que demonstram a influência benéfica dos exercícios sobre os ossos são incontestáveis.

Segundo Plapler, "carga (gravidade) e contração muscular são as mais importantes forças mecânicas aplicadas ao osso"[5]. Portanto, exercícios que envolvem carga e contração muscular favorecem o ganho de massa óssea, enquanto ausência de carga e situações de imobilização promovem perda de massa óssea.

Um exemplo clássico, muito usado por especialistas para ilustrar a importância da carga na remodelação óssea, é o dos astronautas. Submetidos à ausência de gravidade (e, portanto, à ausência de carga) por um período, astronautas perdem massa óssea em suas missões espaciais.

Outra evidência incontestável da influência positiva dos exercícios sobre o fortalecimento ósseo vem da análise da densidade óssea dos tenistas profissionais. Goldberg & Elliot os descrevem como "um experimento natural"[2]. Ocorre que a densidade óssea do braço com o qual manuseiam a raquete é bem maior em comparação à do braço contralateral. Nesse caso, só há uma variável que explica tal fenômeno: a quantidade de exercícios feitos, que varia de um braço para o outro.

Exercícios para a prevenção da osteoporose

Na fase de prevenção, são indicados exercícios com pesos, além de outros como correr, fazer ginástica ou jogar bola.

Osteoporose e exercícios II

Mesmo quando a doença já está instalada, os exercícios podem incrementar o ganho de massa óssea.

O tipo e a intensidade dos exercícios podem variar de acordo com as condições individuais do paciente.

Em geral, estão indicados exercícios de fortalecimento muscular, mas também atividades de baixo impacto como caminhar, pedalar bicicleta estacionária e fazer exercícios na água.

O alongamento da panturrilha e o fortalecimento dos músculos da coxa também estão indicados. Eles melhoram a flexibilidade, o equilíbrio, aumentam a força muscular, auxiliam a manutenção da postura e diminuem o risco de quedas e fraturas.

Exercícios de tai chi chuan conferem estabilidade e minimizam o risco de quedas e fraturas, pois melhoram o equilíbrio, a coordenação e o controle corporal. Portanto, também estão indicados para pacientes com osteoporose.

Atenção: Estão contraindicados exercícios que submetam a coluna a movimentos do tipo rotação ou flexão. Assim, esportes como golfe, tênis e boliche devem ser evitados.

Quanto mais tempo o indivíduo se exercita, melhor. Atividades físicas com duração superior a um ano proporcionam benefícios ainda maiores quanto à densidade óssea.

Portanto, a prática de exercícios aumenta a massa e a força muscular, a densidade óssea, melhora o equilíbrio, a flexibilidade, os reflexos e a estética corporal.

Convém mencionar que só os ossos envolvidos no exercício são fortalecidos, não tendo o exercício efeito sobre os ossos cujos músculos permanecem inativos.

Importante: Todo e qualquer tipo de exercício deve ter planejamento adequado para a sua condição física, idade, estado geral e deve ter supervisão de profissional capacitado, preferencialmente um fisioterapeuta.

Nos casos em que a osteoporose for secundária a alguma doença, distúrbio hormonal, fumo, álcool, deficiência alimentar, uso de medicamentos ou outros, deve-se, também, tratar a causa primária.

| A osteoporose e os medicamentos

Existem cinco classes de medicamentos disponíveis para o tratamento da osteoporose. Todos eles, obviamente, podem causar efeitos colaterais.

Ranelato de estrôncio (Protos®): age, simultaneamente, inibindo a perda e estimulando a formação de massa óssea. Pode causar gastrite e diarreia.

Teriparatida (Fortéo®): estimula a ação dos osteoblastos. Pode provocar vômitos e formar pedras nos rins.

Análogo da calcitonina (Miacalcic®): inibe a ação dos osteoclastos. Pode provocar náuseas e vermelhidão na pele.

Raloxifeno (Evista®): ação semelhante à do estrógeno. É considerado mais seguro do que outras terapias de reposição hormonal. Pode causar trombose.

Bifosfonatos (Aclasta®, Fosomax®, Actonel®, Bonviva®): combatem a ação dos osteoclastos. Podem provocar gastrite e úlcera na apresentação oral. Na injetável, dor muscular e febre[16].

| A osteoporose e a reposição hormonal

O tratamento com reposição de estrógeno, para mulheres pós-menopausa, é uma alternativa à qual alguns médicos recorrem para combater à osteoporose. Porém, especial atenção deve ser dada a essa questão, uma vez que essa conduta pode aumentar o risco de desenvolver câncer de mama.

| Considerações finais

A osteoporose é uma doença grave, que pode levar à incapacitação em várias esferas e, às vezes, até à morte pelas complicações das fraturas. Os tratamentos disponíveis, muitas vezes, apresentam resultados pouco satisfatórios.

Especial ênfase deve ser dada à prevenção, a maneira mais provável e eficaz de se ver livre dessa enfermidade. Medidas profiláticas incluem alimentação rica em cálcio, exposição adequada ao sol e exercícios físicos. Elas devem ser adotadas desde a infância, conferindo maior proteção contra a doença, em idades mais avançadas. Mesmo os indivíduos que já apresentam a doença podem beneficiar-se de tais medidas.

Identificar o fator causal e combatê-lo também deve fazer parte da luta contra a osteoporose.

Fique atento aos fatores de risco. Visite o médico periodicamente e faça exames preventivos (densitometria óssea e dosagem hormonal, entre outros).

Há poucos anos foi criado, nos Estados Unidos, um aparelho chamado *Juvent*. Trata-se de um aparelho semelhante a uma balança doméstica, porém, com capacidade vibratória. É empregado para o tratamento da osteopenia. A ideia inicial era disponibilizá-lo para astronautas em missão espacial, porém, atualmente, ele já está sendo comercializado para outras pessoas. O princípio é: o indivíduo sobe no aparelho e ele começa a vibrar. Tais vibrações provocam contrações musculares que desencadeiam o processo de remodelação óssea. O aparelho custa em média 4.200 dólares e são necessários 20 minutos diários de uso para ter um ganho de massa óssea de 2% ao ano.

De fato, qualquer contribuição para prevenir ou tratar a osteoporose é importante. Entretanto, se você optar por uma alimentação apropriada e exercícios físicos, especialmente se realizados num parque, ao ar livre, em dia ensolarado, terá alguns benefícios além do ganho ósseo e muscular. Terá o prazer de estar em contato com a natureza, interagir com outras pessoas e animais, assim como a oportunidade de aliviar o seu estresse, suas tensões, enfim, zelar pelo seu equilíbrio físico, mental e financeiro, pois a natureza lhe oferece tudo isso, gratuitamente.

Capítulo 10

Como superar a dor nas costas

Considerações sobre hérnia de disco e artrose

Antes de aderir à prática de corridas, decidi passar por uma avaliação ortopédica, além de outras. Curiosamente, a primeira pergunta que ouvi do ortopedista foi: "Você está aqui porque tem dor nas costas, não é?". Eu respondi: "Não, estou aqui porque preciso de uma avaliação para saber se tenho ou não algum problema que me impeça de correr. Por quê?". Ele respondeu: "Porque, praticamente, todas as pessoas que me procuram, queixam-se de dor nas costas".

A dor nas costas no Brasil e nos Estados Unidos

Pois é, o ortopedista tinha razão. Estima-se que 70% a 80% dos brasileiros têm ou já tiveram dor nas costas. Isso significa que mais de 100 milhões de pessoas sofrem ou já sofreram com esse problema.

Nos Estados Unidos as estatísticas são semelhantes.

Sendo lá ou aqui, convenhamos, é muita gente com dor nas costas! Dependendo da intensidade, ela pode impedir a realização de atividades como andar, fazer faxina, dirigir ou trabalhar.

| A coluna vertebral

Vamos saber um pouco sobre a anatomia e as funções da coluna vertebral, para que possamos entender melhor a dor nas costas.

A coluna vertebral é composta por vários ossos chamados vértebras, as quais se sobrepõem umas às outras. Da altura do pescoço até a pelve, são sete vértebras cervicais, doze vértebras torácicas, cinco vértebras lombares, cinco vértebras fundidas na região do sacro e mais quatro vértebras, também fundidas, na região do cóccix.

Entre as vértebras, há uma estrutura fibrocartilaginosa chamada disco intervertebral, o qual consiste de um núcleo central (núcleo pulposo) envolto por um anel de fibras (ânulo fibroso). O disco intervertebral tem importância fundamental para a coluna, por causa das suas funções, que incluem: absorção de impacto, equilíbrio das tensões, troca de líquidos, união e estabilidade das vértebras e movimentos da coluna. O anel fibroso, mais especificamente, confere proteção ao núcleo. Essa característica é importante para a compreensão da hérnia de disco, como veremos adiante.

Estruturas anatômicas importantes como músculos, artérias, veias e nervos estão diretamente relacionadas à coluna vertebral.

| A dor nas costas

A dor nas costas também é conhecida como lombalgia. Acredita-se que esse termo esteja relacionado ao fato de que a região lombar é a mais suscetível à dor; suporta o peso da cabeça, do tronco e dos braços (além de outras forças), o que aumenta a sua vulnerabilidade à dor.

| Causas de dor nas costas

Especialistas afirmam que 90% das dores nas costas decorrem de vícios posturais e/ou hábitos inadequados que as pessoas adotam em sua rotina.

Manter uma postura arqueada, permanecer muito tempo parado (sentado ou em pé), usar calçado inadequado, carregar peso excessivo e ignorar as regras de ergonomia são algumas possíveis causas de dor nas costas.

Nota: Ergonomia é uma ciência que visa adequar os instrumentos, as condições e o ambiente de trabalho às necessidades humanas.

Outras causas de dor nas costas incluem: sobrepeso, idade, fumo, sedentarismo, hereditariedade, fraqueza dos músculos abdominais, joelhos em posição viciosa (para dentro ou para fora), pernas de comprimentos diferentes, pés com excesso de pronação (para dentro) ou supinação (para fora), desnível da pelve, desvios da coluna, hérnia de disco, disfunção sacroilíaca.

A artrose, uma doença degenerativa que pode afetar articulações e ossos, também pode causar dor nas costas. Popularmente conhecida como bico de papagaio, pode acometer qualquer região, não apenas a coluna vertebral.

Portanto, a dor nas costas pode ter inúmeras causas; para combatê-la, é preciso identificar o fator causal.

| Como combater a dor nas costas

Sendo a dor nas costas decorrente da adoção de hábitos inadequados e/ou vícios posturais, muitas vezes uma simples mudança de hábitos é suficiente para combatê-la. Vamos aos exemplos.

Quem permanece muito tempo sentado pode desenvolver dor nas costas, se não adotar uma postura adequada. O ideal é respeitar as regras de ergonomia e assumir a postura correta: as costas necessitam de apoio e devem ficar em contato com o encosto da cadeira, num ângulo de 90 a 110 graus. É conveniente que a cadeira tenha braços de apoio, evitando, assim, a sobrecarga dos ombros; os pés devem estar apoiados no chão. Evite sentar-se sobre uma carteira volumosa guardada no bolso de trás; isso gera desnível da pelve, outra causa de dor nas costas. É conveniente que se faça pausas de 10 minutos a cada hora de trabalho; caminhe um pouco (para ativar a circulação), beba água (que hidrata os discos intervertebrais) e amasse uma bolinha massageadora durante a pausa.

Permanecer muito tempo em pé gera cansaço e, para atenuá-lo, as pessoas tendem a curvar os ombros para frente e a relaxar o abdome (postura arqueada). Trata-se de um erro, pois tal postura sobrecarrega a coluna, causando dor nas costas. Evite-a mantendo os ombros retos e o abdome firme. Quem trabalha em pé, principalmente se ficar muito tempo parado, deve procurar usar meias-elásticas para facilitar o retorno do sangue ao coração. Isso melhora a circulação e, por conseguinte, a lubrificação e a nutrição da coluna. Também previne varizes, inchaços e dores nos membros inferiores. Sempre que possível, tente sair da posição estática; caminhe um pouco, beba água. São medidas simples que ativam a circulação e ajudam a evitar a dor.

O uso de sapatos com salto alto desloca o corpo para frente. Para manter o equilíbrio, a mulher força o corpo para trás, o que sobrecarrega a coluna lombar, causando dor. Entre outras consequências, o uso do salto alto também pode provocar o encurtamento do tendão de Aquiles, aumentar o risco de torcer o tornozelo e causar osteoartrite nos joelhos. Sapatos de bico muito fino também prejudicam a coluna, uma vez que não permitem uma distribuição uniforme do peso do corpo sobre os pés.

O ideal é dar preferência aos sapatos baixos ou do tipo Anabela. Os especialistas contraindicam o uso frequente de saltos acima de 3 centímetros, por colocarem em risco a coluna vertebral. Certa mesmo está Carla Bruni-Sarkozy (modelo, cantora e ex-primeira-dama da França), que não perde a elegância mesmo sobre sapatos de salto baixo ou até rasteiros.

Carregar objetos pesados durante o trabalho ou mesmo peso excessivo em bolsas e mochilas são ações que também sobrecarregam a coluna, causando dor. Mochilas devem ficar em contato com as costas, através de duas alças para os ombros e uma alça abdominal; seu peso deve ser de, no máximo, 10% do peso do portador. Em relação às bolsas, essa proporção é de 5%, e ela deve ser carregada no ombro.

As bolsas de alças transversais também são boas opções.

Dormir pouco ou dormir mal também pode causar dor nas costas.
O sono é importante para a saúde da coluna por duas razões.
A primeira diz respeito à posição da coluna e à superfície sobre a qual ela se apoia. Dormir em colchão inadequado pode gerar dor nas costas; o

colchão ideal não pode ser muito macio nem muito duro para não prejudicar a coluna. Já o travesseiro ideal é aquele cuja altura permita que ombro e pescoço formem um ângulo de 90 graus.

A segunda diz respeito à fisiologia dos discos intervertebrais.

Uma das funções desses discos é fazer a troca de líquidos com as vértebras. Durante o dia, dependendo da sua posição, os discos podem sofrer ressecamento, o que gera dor nas costas. Já à noite, durante o sono, os discos voltam a ficar lubrificados, aliviando a dor.

Portanto, dormir bem faz parte da estratégia para combater a dor nas costas.

| Outras causas de dor nas costas e como combatê-las

Idade: É óbvio que não é possível parar o tempo, porém é possível retardar os seus efeitos sobre a coluna. No decorrer dos anos, tanto as vértebras quanto os discos tendem a sofrer desgaste. Esse desgaste estrutural prejudica as funções da coluna, gerando dor. Nesse caso, exercícios aeróbicos moderados, fortalecimento muscular, alongamentos, sol na medida certa, alimentação adequada, hidratação e sono de qualidade podem retardar o processo de desgaste próprio da idade.

Sobrepeso: As pessoas que estão acima do peso correm maior risco de desenvolver dor nas costas, porque os quilos extras sobrecarregam a coluna. Estima-se que com 5 quilogramas de sobrepeso o indivíduo sofra 15% mais risco de ter dor nas costas. Aqui, obviamente, indica-se uma alimentação balanceada e exercícios físicos que, além de acelerarem a perda de peso, ajudam a desenvolver músculos, entre os quais os que protegem e dão sustentação à coluna.

Tabagismo: O cigarro contém substâncias que prejudicam o transporte de oxigênio e dificultam a circulação do sangue. Isso compromete a lubrificação, a nutrição e a oxigenação dos discos intervertebrais, aumentando a vulnerabilidade da coluna a doenças e disfunções. Se você é fumante, aqui está mais uma boa razão para parar de fumar.

Sedentarismo: A falta de movimento pode comprometer a circulação sanguínea e ocasionar ressecamento, degenerações e achatamento dos discos. A dor pode surgir devido ao atrito entre as vértebras.

Além disso, sedentarismo implica desuso da musculatura responsável pela sustentação da coluna. Nesse caso, a coluna pode ficar instável, o que também gera dor.

Então, exercícios são importantes armas contra a dor nas costas por algumas razões.

A primeira, porque ativam a circulação, garantindo boa nutrição, lubrificação e oxigenação, preservando, assim, as funções dos discos.

A segunda, porque fortalecem os músculos, conferindo maior estabilidade à coluna.

A terceira, porque músculos fortes também ajudam a manter a postura correta, outra arma contra a dor nas costas.

Fraqueza ou flacidez abdominal: Os abdominais são um grupo muscular dinâmico, que dá movimento e estabilidade ao tronco e proteção à coluna. Se fracos ou flácidos, podem desestabilizar o tronco, gerando dor nas costas. Portanto, fortalecer os abdominais faz parte das medidas contra a dor nas costas.

| Considerações sobre hérnia de disco

Trata-se de uma doença que também pode causar dor nas costas.
Para entendê-la, vamos conhecer um pouco sobre a fisiologia dos discos intervertebrais.

| O funcionamento dos discos intervertebrais

Como já foi descrito no início deste capítulo, os discos intervertebrais são estruturas fibrocartilaginosas, presentes entre as vértebras, que têm um núcleo envolto em um anel de fibras. O núcleo é capaz de suportar pressão uniforme; o anel confere proteção ao núcleo.

Normalmente, quando um indivíduo faz um movimento (por exemplo, inclina o tronco para frente), o núcleo sofre pressão em sentido oposto ao do movimento e move-se para trás. Porém, a proteção do anel impede o seu extravasamento. Isso significa que ambos (núcleo e anel) estão programados para suportar até certo nível de pressão.

Há, entretanto, situações como: má postura, exercícios físicos feitos incorretamente (carga ou impacto excessivo), repetição de movimentos e vibrações que sobrecarregam a coluna e pressionam o núcleo além da sua capacidade de tolerância. As fibras do anel, então, se rompem e o núcleo extravasa. O extravasamento do núcleo é o que chamamos de **hérnia de disco**. Quando ela ocorre, o núcleo pode migrar e comprimir nervos da coluna.

Dependendo da localização, a hérnia pode causar dor nas costas, nos braços, na nuca, nos ombros, formigamento (hérnia cervical); ou dor nas costas, nas pernas e formigamento (hérnia lombar). Então, fique atento e previna-se mantendo a postura correta, fazendo exercícios de aquecimento, alongamento e outros adequados e evitando movimentos repetitivos.

| E se você já tem hérnia de disco?

Nesse caso, está indicado tratamento que pode incluir: repouso relativo, sessões de fisioterapia, cintas ou coletes ortopédicos, medidas para estabilizar a coluna e fortalecimento muscular, entre outros.

Atenção: uma vez obtida melhora nas fases iniciais do tratamento, procede-se à manutenção, que não deve ser interrompida, pois o risco de recidiva é grande.

Em alguns casos, até uma intervenção cirúrgica pode estar indicada.

| A dor nas costas e os exercícios

Afinal, quais exercícios estão indicados para a dor nas costas?

Podem ser feitos tanto exercícios de flexão como de extensão da coluna, além de exercícios para fortalecimento dos músculos das costas e abdominais e alongamento dos músculos das costas.

A prática regular de exercícios aeróbicos também é indicada. Um bom condicionamento físico às vezes confere maior proteção contra a dor nas costas do que os exercícios específicos para essa finalidade.

Considerações finais

A dor nas costas pode ter inúmeras causas. Para cada uma delas, há uma conduta específica. A prevenção, entretanto, é fundamental. Entre as medidas preventivas estão: adotar postura correta, usar calçados adequados, combater os quilos extras, dormir bem, ficar longe do cigarro e respeitar as regras de ergonomia, entre outras. Manter um bom condicionamento físico também é uma medida preventiva eficaz.

Portanto, fique atento aos seus hábitos e à sua postura. E quando a dor já estiver instalada, tente afastar a causa e proceder ao tratamento. Sempre que necessário, procure um ortopedista. Ele está devidamente preparado para orientá-lo sobre a melhor conduta para o seu caso.

Capítulo 11

Como superar as doenças ocupacionais

(Lesões por esforço repetitivo/ Distúrbios osteomusculares relacionados ao trabalho)

Doenças ocupacionais são aquelas adquiridas em consequência do exercício da profissão. Entre as mais frequentes estão as lesões por esforço repetitivo (LER), também chamadas de distúrbios osteomusculares relacionados ao trabalho (DORT).

Se você é empregador, sabe quais as implicações (financeiras e de produtividade) de ter um ou vários empregados afastados do trabalho por doença. Por outro lado, se você é empregado, sabe que afastamento por doença muitas vezes significa desgaste físico, psicológico e financeiro.

| O que são os DORT

São distúrbios capazes de afetar qualquer estrutura do sistema musculoesquelético, entre elas: músculos, tendões, ligamentos, articulações e nervos.

Tais distúrbios incidem com maior frequência na região cervical, lombar e membros superiores.

Infelizmente, os DORT ocorrem em quantidade muito acima do desejável e respondem pelo afastamento de um grande número de trabalhadores, tanto nas empresas privadas quanto nas instituições públicas, com prejuízos nas esferas pessoal, familiar, profissional, além de sobrecarregar os serviços médicos.

Os DORT nos Estados Unidos

Dados do Departamento de Trabalho dos Estados Unidos revelam que em 1982 havia 22.600 casos de DORT ao ano. Dez anos depois, esse número saltou para 281.800 casos ao ano; isso equivale a mais da metade de todas as doenças ocupacionais em território americano. O tratamento desses doentes, obviamente, gera gastos exorbitantes. No caso americano, por exemplo, foram 68 bilhões de dólares em 1992; estima-se que o valor duplique a cada cinco anos.

Prevalência em alta

O aumento da prevalência de DORT nos últimos anos deve-se a algumas características próprias dos tempos modernos como: mecanização do trabalho, informatização, aumento do ritmo e do volume de trabalho, diminuição da flexibilidade de horário, maior cobrança por produtividade e realização de movimentos repetitivos.

Por outro lado, a medicina também evoluiu; o aprimoramento dos conhecimentos médicos e métodos diagnósticos mais precisos permitiram que muitos casos pudessem ser diagnosticados precocemente e com menor margem de erro.

O estresse e os DORT

Para muitos de vocês, leitores, essa pode ser uma informação surpreendente, mas é a mais pura verdade: o estresse está entre os principais fatores de risco para o desenvolvimento de DORT. Ele é tão importante na gênese dessas doenças que existem livros abordando, especificamente, essa questão. Em seu livro *LER/DORT - A psicossomatização no processo de surgimento e agravamento*, Walter Gaigher Filho e Sebastião Iberes Lopes Melo[3] elaboraram um esquema conceitual do processo de psicossomatização dos DORT (LER). A seguir, o esquema de Gaigher Filho e Lopes Melo, 2001:

Fatores de risco

Embora o estresse seja um dos mais importantes fatores de risco, existem outros: movimentos repetitivos, atividades que envolvem vibração (por exemplo: operar britadeira), atividades que exigem força (por exemplo: carregar peso), inobservância das regras de ergonomia (falta de adaptação entre as condições de trabalho e as necessidades do homem), vícios posturais, repouso insuficiente, falta de condicionamento muscular, falta de condicionamento cardiovascular, insatisfação profissional, social, pessoal e familiar.

As mulheres e os DORT

Em comparação aos homens, as mulheres são mais suscetíveis a desenvolver DORT. Isso pode ser explicado levando-se em consideração algumas características anatômicas, metabólicas e emocionais femininas, como: condicionamento físico insuficiente para suprir as demandas profissional e doméstica simultaneamente, variações hormonais periódicas e oscilações psicoemocionais frequentes.

| Os DORT e as outras doenças

Outra condição que pode favorecer a manutenção ou a piora dos sintomas de DORT é a presença de doenças preexistentes como diabetes *mellitus*, artrose, hipotireoidismo, fibromialgia, neuropatia e desnutrição.

| Exemplos de DORT

Alguns exemplos de LER/DORT incluem: tendinites, tenossinovites, bursites, cistos sinoviais e dedo em gatilho.

| Fisiopatologia (como surgem os DORT)

Vamos ilustrar a fisiopatologia dos DORT com um exemplo.

Imagine que você seja um digitador. Muito bem, você passa vários dias e várias horas sentado diante de um computador, digitando, certo? Esses movimentos repetitivos, exigidos pelo ato de digitar, podem provocar algumas alterações nos músculos, nos tendões etc. São alterações que ocorrem para reparar pequenas lesões que tais movimentos produzem; trata-se de um processo de adaptação do corpo às exigências do trabalho.

Até certo ponto, o corpo tolera essa situação; embora seus músculos, tendões etc. possam estar comprometidos, você não apresenta sintomas. Nesse estágio, seu corpo ainda compensa os movimentos. A descompensação pode acontecer por ocasião de algum fator traumático que se adiciona à rotina de trabalho; esse fator pode ser de ordem física, psicológica ou ambas. Nesse caso, o distúrbio passa a manifestar-se através de sintomas como dor, limitações de movimento, sofrimento físico ou emocional.

| Outras profissões de risco

Além dos digitadores, músicos, cirurgiões, dentistas, pilotos de avião, cabeleireiros, operadores de britadeira, secretários, escriturários, bancários e motoristas são outros exemplos de ocupações que exigem a realização de movimentos repetitivos. Por isso, os profissionais dessas áreas também estão sujeitos a desenvolver algum tipo de DORT.

| Fatores relacionados à dor nos DORT

Fatores como tempo de evolução, tipo de tecido acometido, manutenção do fator causal, terapêutica inadequada e falta de adesão ao tratamento estão diretamente relacionados à intensidade da dor, à inflamação e a limitações inerentes aos DORT.

| Os DORT e a dor

Vários tipos de dor podem aparecer em consequência dos DORT e seus nomes são um tanto complicados, mas vamos a elas: aguda, crônica, localizada, generalizada, superficial, profunda, de causa somática, de causa psíquica (queimação, formigamento ou choque em regiões com alterações motoras e sensitivas) e vaga (se o tecido muscular comprometido for profundo, o paciente pode manifestar dor em local diferente do local de origem da lesão; em geral manifesta-se como peso, pressão, queimação, latejamento ou tensão).

Porém, vamos descrever somente a dor aguda e a dor crônica.

| A dor aguda nos DORT

A dor aguda é a que aparece no início do distúrbio e pode apresentar os sinais típicos de qualquer inflamação: vermelhidão, inchaço, calor, além da própria dor.

A fase aguda é a ideal para o tratamento; como a doença está no início, uma abordagem terapêutica correta soluciona completamente o problema. Essa abordagem inclui a identificação, a eliminação ou o controle do fator causal. Atitudes como observar as regras de ergonomia, manter o estresse sob controle e aprimorar o condicionamento físico colaboram para impedir que a dor volte a se manifestar.

| O perigo do diagnóstico equivocado

O problema é que, muitas vezes, ocorre falha no diagnóstico justamente nessa etapa, que é a ideal para o tratamento. Tais falhas podem se dar por razões diversas, entre elas: queixas vagas por parte do paciente, investigação mal conduzida do histórico e exame clínico inadequado pelo médico, exames laboratoriais e de imagem com resultados normais. Infelizmente, diante disso, alguns médicos podem se equivocar quanto ao diagnóstico e adotar uma conduta inadequada. Nesse caso, o quadro pode se tornar crônico e bem mais difícil de ser corrigido.

É importante que o médico tenha em mente que a clínica é soberana; deve conduzir uma investigação criteriosa, indagando sobre a vida pessoal, emocional e, principalmente, profissional do paciente. Da mesma forma, o exame físico deve ser impecável.

Nessa etapa da doença, o médico não deve depender exclusivamente dos exames de imagem e laboratoriais. Conduzindo bem os elementos clínicos, ele é capaz de chegar a um diagnóstico preciso, possibilitando o início de um tratamento bem-sucedido.

| Outras causas de insucesso no tratamento dos DORT

Falta de adesão do paciente ao tratamento é outra razão que pode levar ao insucesso da terapêutica.

Em qualquer caso de falha, seja no diagnóstico, no tratamento ou na adesão a ele, as consequências podem ser nefastas e atingir não só o paciente, mas todos aqueles que convivem com ele, tanto no ambiente profissional quanto familiar. Por consequências nefastas entenda-se dor crônica e suas implicações, a saber.

| A dor crônica nos DORT

A dor crônica é aquela cuja duração ultrapassa os limites desejáveis de controle ou eliminação dos fatores que a causaram.

Na maioria das vezes ela é vaga e pode surgir ou piorar em razão de qualquer fator de estresse (físico, psicológico, ambiental). É diferente da dor aguda e tem um alto potencial de incapacitação para o trabalho, para o convívio social e familiar.

Sinais psicológicos como ansiedade, hostilidade, introversão e insegurança costumam acompanhá-la; ela também limita atividades de rotina, piora a qualidade do sono, interfere no apetite e no lazer.

Por causa da dor crônica, o paciente permanece inativo por tempo prolongado, o que, obviamente, repercute negativamente nos âmbitos financeiro, social e familiar de sua vida.

As limitações físicas, a falta de esperança, a ausência de perspectiva de cura, a desvalorização profissional, familiar e social e a instabilidade financeira impostas pela dor crônica podem gerar um quadro depressivo.

É bem provável que você nunca tenha imaginado que um DORT pudesse se transformar no circo de horrores que foi descrito neste item. Infelizmente, é o que pode acontecer, caso o diagnóstico ou o tratamento sejam mal conduzidos ou o paciente seja negligente em aderir à terapêutica. Portanto, fique atento ao menor sinal de distúrbio ocupacional; quanto mais cedo for descoberto, mais fácil de corrigir.

| O tratamento

Qualquer que seja a origem do DORT, o tratamento sempre deve ser iniciado com a identificação, a eliminação ou o controle da causa. Vale repetir que isso é possível adotando medidas como: respeito à ergonomia, controle dos níveis de estresse, alívio da sobrecarga e melhora do condicionamento físico.

Repouso, órteses, exercícios suaves de mobilização e relaxamento também podem estar indicados.

Procedimentos como relaxamento, reeducação postural, cinesioterapia (terapia através de movimento ou exercícios) e meios físicos (massagem, hidroterapia, termoterapia) são medidas que também podem fazer parte do tratamento dos DORT.

Outras possibilidades terapêuticas: terapia ocupacional, acupuntura, procedimentos psicossociais, anestésicos e até neurocirúrgicos.

| Cortando o mal pela raiz

Todavia, há uma forma bem mais fácil, agradável e econômica de você vencer os DORT: basta "cortar o mal pela raiz", ou seja, combater os fatores de risco. Lembra-se deles? Pois é, muitos dos fatores podem ser evitados com uma simples mudança de hábitos. Vamos a eles e às formas de combatê-los.

Estresse: Como já foi descrito no Capítulo 8 (sobre o estresse), a adoção de bons hábitos alimentares, sono adequado, lazer e exercícios físicos é capaz de manter os níveis de estresse sob controle, diminuindo os riscos de desenvolver DORT.

Posturas inadequadas: No Capítulo 10 (sobre dor nas costas), foi feita uma longa abordagem com relação aos diversos vícios posturais e as maneiras de corrigi-los. Adotar uma postura adequada é outra forma de prevenir os DORT.

Inobservância das regras de ergonomia: Vale repetir que o ambiente, as condições e os instrumentos de trabalho devem estar adaptados às necessidades do ser humano. Procure não ignorar tais regras; é mais uma forma de proteger-se dos DORT.

Repouso insuficiente: O sono é fundamental para a recuperação de tecidos lesados e para manter o estresse sob controle. Portanto, dormir bem ajuda a combater os DORT.

Trabalho contínuo: A falta de pausas durante o trabalho é outro fator que pode desencadear os DORT. A adoção de pausas periódicas no decorrer do expediente é importante para o relaxamento e para a manutenção das condições ideais de trabalho, especialmente se forem acompanhadas por algum tipo de atividade física.

Ao contrário do que muitos imaginam, pausas periódicas diminuem os riscos de desenvolver distúrbios e melhoram a produtividade.

É importante salientar que as pausas não devem ser usadas para fumar, hábito que só piora o estado de saúde (física, mental e financeira) do trabalhador. O ideal é que elas sejam utilizadas para hidratação, consumo de frutas, alongamentos ou algum tipo de atividade física.

Falta de condicionamento muscular: A prática de exercícios e alongamentos confere mais força e resistência (física e psicológica), que, por sua vez, protegem contra o estresse e outras tensões (musculares, inclusive) do dia a dia, diminuindo os riscos de surgimento de DORT.

Falta de condicionamento cardiovascular: Como já foi descrito no Capítulo 4 (sobre hipertensão arterial), os exercícios físicos (em especial os aeróbicos) fortalecem o coração e melhoram o calibre dos vasos sanguíneos. Isso beneficia a circulação sanguínea, a oxigenação do cérebro e diminui o nível de estresse. Também melhora a lubrificação, a nutrição e a oxigenação das articulações e estruturas afins, o que representa mais um fator de proteção contra os DORT.

Insatisfação profissional, social e familiar: Várias podem ser as causas de insatisfação: assédio moral no trabalho, baixa remuneração e condições inadequadas de trabalho são alguns exemplos. O ideal é que a fonte de insatisfação seja identificada e eliminada, porém nem sempre isso é possível. Uma alternativa para controlar os níveis de tensão é a prática desportiva. Como foi descrito no Capítulo 7 (sobre depressão), a prática de exercícios melhora a interação do indivíduo com o ambiente, seja ele familiar, profissional ou social, além de controlar os níveis de estresse.

A realização de atividades coletivas, como jogar futebol ou integrar uma banda musical, é outra maneira de melhorar as relações no trabalho e aliviar o estresse.

Sexo feminino: As mulheres são mais vulneráveis ao desenvolvimento dos DORT. Se você é mulher, procure fazer algum tipo de atividade física que lhe dê prazer. Isso a ajudará a manter um bom condicionamento físico, aumentar a sua resistência e atenuar as oscilações emocionais decorrentes das variações hormonais.

Procure minimizar o desgaste da dupla jornada solicitando a ajuda do seu parceiro. Atenção, homens! Dividam os encargos domésticos com sua mulher. O casamento agradece!

Doenças preexistentes: A presença de diabetes *mellitus*, artrose, fibromialgia, neuropatia, hipotireoidismo e desnutrição podem potencializar os DORT. Nesses casos, deve-se tratar a patologia de base, além do distúrbio propriamente dito. A prática de exercícios, somada aos cuidados alimentares, pode ajudar na recuperação de ambos (doenças e DORT), melhorando o prognóstico.

| Considerações finais

Mais uma vez, a palavra de ordem é prevenção! Prevenir os DORT é mais fácil do que diagnosticá-los e tratá-los.

Preste atenção às condições de trabalho: ambiente físico e psicológico, instrumentos, condições, tudo deve estar adaptado a você. Da mesma forma, fique atento aos desgastes emocionais que podem desencadear os DORT. Procure o médico ao menor sinal de estresse ou sintomas orgânicos.

Por outro lado, os médicos também devem estar atentos às condições físicas e psicológicas de seus pacientes, para não falharem no diagnóstico precoce.

E se você já estiver com um DORT instalado, procure aderir ao tratamento o mais cedo possível; isso facilitará sua recuperação e diminuirá as chances de recorrência.

Capítulo 12

Como superar a Síndrome Pré-Menstrual (SPM)

A SPM e o universo masculino

Se o leitor acha que esse é um assunto que diz respeito somente às mulheres, está enganado. Embora seja uma ocorrência exclusivamente feminina, a SPM ou TPM (Tensão Pré-Menstrual) também afeta indiretamente a vida dos homens. Nos dias atuais, é praticamente impossível encontrar um homem que esteja livre do convívio com mulheres, seja no ambiente doméstico, acadêmico ou profissional. Tendo em vista que aproximadamente 80% das mulheres apresentam ou já apresentaram a síndrome, ela afeta sim a vida dos homens.

Para ilustrar o nível de interferência da SPM na vida dos homens, vale mencionar que, em inglês, a sigla PMS *(premenstrual syndrome)* foi criativamente traduzida como: "Punish Men Severely" (punir os homens severamente, em tradução livre), uma alusão divertida à situação delicada na qual os homens se veem durante esse período crítico para muitas mulheres.

Outra forma de ilustrar a importância da SPM para ambos os sexos é lembrar que, durante a vida reprodutiva, a maioria das mulheres tem cerca de quatrocentos a quinhentos ciclos menstruais. Como os sintomas pré-menstruais podem ocorrer durante quatro a sete dias por mês, a conclusão é que as mulheres que sofrem da síndrome podem passar de quatro a dez anos apresentando sintomas orgânicos ou psicológicos desagradáveis[1]. Isso, obviamente, pode repercutir nas relações afetivas, familiares e profissionais dessas mulheres.

| Definição, sinais e sintomas

Entende-se por síndrome o conjunto de sinais e sintomas que caracterizam uma doença. A SPM não é considerada uma doença, a menos que ela passe a comprometer a realização de atividades de rotina e desde que ela se manifeste, apenas, no período que precede a menstruação[2].

No caso da SPM, já foram descritos mais de 150 sinais e sintomas, que podem ser físicos ou emocionais.

Os sintomas físicos mais comuns são: inchaço mamário e abdominal, dor nas mamas, cefaleia (dor de cabeça), dores musculares e articulares, problemas de pele como acnes (espinhas), cólicas, dor no baixo ventre, retenção de líquido, ganho de peso, vômitos, alterações do sono e do apetite, dor nas costas.

Os sintomas emocionais mais comuns são: ansiedade, irritabilidade, variações de humor, tristeza, falta de esperança e de iniciativa, sensibilidade exacerbada, sensação de culpa, depressão, tensão, labilidade emocional, estresse, choro fácil, perda de interesse, dificuldade de concentração, confusão, comportamento hostil, agressividade, impaciência, alterações da libido, falta de prazer.

A propósito, neste capítulo, foi escolhido o termo Síndrome Pré-Menstrual por referir-se a todos os sintomas (físicos e psicológicos) da fase pré-menstrual, e não só ao estado de humor ao qual se refere o termo Tensão Pré-Menstrual (TPM).

| Causas

Embora não se saiba com exatidão quais são as causas da SPM, sabe-se que elas estão relacionadas às variações que envolvem os hormônios sexuais femininos, durante o ciclo menstrual. Essas variações podem interferir na liberação de neurotransmissores, o que poderia justificar a ocorrência dos sintomas físicos e emocionais.

| Outras causas de SPM

Outras possíveis causas da SPM: estresse emocional ou profissional, estilo de vida, hábitos alimentares, genética, deficiência nutricional e alteração nos níveis de alguns neurotransmissores, como a serotonina e noradrenalina.

| O ciclo menstrual

Vamos tentar explicar o ciclo menstrual de forma bem simples, tomando como exemplo um ciclo de 28 dias.

O dia da menstruação é o primeiro do ciclo. Durante os catorze dias dessa primeira fase (fase folicular), o nível de estrógeno aumenta até o 14º dia, ocasião na qual ocorre a ovulação. A partir daí, começa a segunda fase (fase lútea), na qual o nível de estrógeno diminui e o nível de progesterona aumenta até o 28º dia. Caso não haja gravidez, o nível de progesterona também diminui, ocorre a menstruação e o ciclo se repete.

| Os hormônios, os neurotransmissores e a SPM

As alterações hormonais que ocorrem na segunda fase do ciclo parecem estar relacionadas a alguns dos sintomas da SPM. Depressão, irritabilidade e ansiedade podem resultar da diminuição de serotonina no cérebro durante essa fase. Como a serotonina também é responsável pela sensação de bem-estar, regula o sono, o apetite e o humor, todos esses indicadores podem ser afetados.

Quanto às endorfinas, seus níveis aumentam na primeira fase do ciclo, porém diminuem na segunda. Tensão, ansiedade, dor de cabeça e cólicas são alguns dos sintomas que podem surgir nesse período.

| Tratamento

Existem inúmeros recursos que podem ser utilizados no tratamento da SPM: terapia hormonal, alimentação apropriada, uso de suplementos vitamínicos, analgésicos, anti-inflamatórios, diuréticos, ansiolíticos, antidepressivos, psicoterapia, acupuntura e exercícios físicos são alguns deles.

A terapia hormonal visa regular o desequilíbrio hormonal presente nessa fase, o que ajuda a diminuir os sintomas.

Uma dieta apropriada também auxilia no combate à SPM. Recomenda-se evitar alimentos gordurosos, açúcar, sal, bebidas alcoólicas e com cafeína, que potencializam alguns sintomas como a retenção hídrica, a ansiedade e a labilidade emocional. Recomenda-se, também, dar preferência aos alimentos leves e ricos em vitaminas, como frutas, verduras e legumes, e aos alimentos integrais. Alimentos ricos em cálcio, como leite desnatado e iogurte, também devem fazer parte do cardápio.

Vitaminas e minerais regulam o metabolismo, funcionam como antioxidantes, fortalecem o sistema imunológico e são matérias-primas para a fabricação de hormônios. Portanto, ambos podem ser utilizados no tratamento da SPM.

Analgésicos e anti-inflamatórios auxiliam no combate às cólicas e às dores típicas dessa fase. Diuréticos são indicados para minimizar o inchaço, e os antidepressivos são usados nos casos mais severos.

Acupuntura, terapia em que se colocam agulhas em pontos estratégicos com o intuito de minimizar a dor e o desconforto pré-menstrual, também pode ser usada como tratamento, assim como a psicoterapia, outra alternativa para combater os sintomas da SPM.

| Combatendo a SPM sem custos financeiros

Pelo que foi descrito até agora, você deve ter percebido que o tratamento para a SPM pode ser simples ou complexo, além de demandar tempo e dinheiro.

Todavia, há uma forma simples e eficaz de prevenir a SPM: praticando exercícios físicos e alimentando-se corretamente.

| Exercícios físicos e SPM (parte 1)

Vários estudos científicos têm demonstrado a eficácia dos exercícios na prevenção e no controle da SPM.

Acredita-se que o mecanismo através do qual os exercícios melhoram a SPM esteja relacionado a uma conveniente interferência das endorfinas (produzidas durante o exercício) no eixo hipotálamo-hipófise-ovários.

| O eixo hipotálamo-hipófise-ovários

Para que possamos entender o papel dos exercícios, vejamos de maneira bem simples como funciona o eixo que controla a liberação dos hormônios sexuais femininos.

O hipotálamo, localizado no cérebro, regula a atividade da hipófise anterior (uma glândula também situada no cérebro), através do hormônio LHLH. A hipófise, por sua vez, regula a atividade dos ovários, também através de hormônios (FSH e LH). Estes últimos agem sobre os ovários, estimulando a produção de estrógeno e progesterona (os hormônios ovarianos)[6].

| O papel das endorfinas no controle da SPM

Acredita-se que a produção de endorfinas que ocorre durante o exercício físico possa interferir na atividade do hipotálamo. Diante da ação das endorfinas, o hipotálamo "sinaliza" para os ovários diminuírem a produção de progesterona, o que atenua os sintomas da SPM. Além disso, a produção de endorfinas, serotonina e dopamina durante o exercício proporciona alívio da dor, sensação de bem-estar e de prazer, entre outros benefícios. Assim, a prática desportiva conspiraria de várias formas na prevenção e no alívio da SPM.

| Exercícios físicos e SPM (parte 2)

Mecanismos à parte, os benefícios que os exercícios trazem às mulheres com SPM são inquestionáveis.

Um estudo científico publicado no *European Journal of Applied Physiology* analisou dois grupos: o primeiro, de mulheres fisicamente ativas e o outro, de mulheres sedentárias. O propósito era pesquisar os efeitos dos exercícios sobre os sintomas da SPM e sobre os hormônios ovarianos. Foi observado que exercícios aeróbicos moderados podem minimizar os sintomas pré-menstruais, bem como diminuir os níveis de hormônios ovarianos da segunda fase[1] (aquela na qual os sintomas se manifestam).

Em outro estudo, publicado no *Journal of Psychosomatic Research*, os cientistas também analisaram dois grupos: um de mulheres fisicamente ativas e outro de mulheres sedentárias. Neste, o propósito era examinar os efeitos de um programa regular de exercícios aeróbicos moderados sobre o estado de humor e sobre os sintomas durante o ciclo menstrual. Os resultados revelaram efeitos importantes sobre o humor e sobre os sintomas físicos. Efeitos significativos também foram observados em todas as fases do ciclo. O grupo fisicamente ativo apresentou menor prejuízo de concentração, menor variação de comportamento e menos dor[7].

Inúmeros outros exemplos poderiam ser citados para destacar a importância da atividade física na prevenção e no alívio da SPM, mas vamos ficar somente nos dois mencionados.

| Exercícios indicados para alívio da SPM

Especialistas afirmam que os exercícios aeróbicos são os melhores para alívio ou até remissão da SPM. Correr, caminhar, andar de bicicleta, nadar, dançar, fazer ginástica na água, qualquer exercício é válido, desde que seja praticado com regularidade e com prazer.

Outras práticas que também podem auxiliar no combate à SPM são: alongamento, relaxamento, meditação e ioga.

| Considerações finais

Conheço mulheres que ficam simplesmente insuportáveis na fase pré-menstrual e não entendem por que não conseguem encontrar namorado, ou por que têm dificuldade de se relacionar no ambiente familiar ou profissional. Além disso, também não procuram tratamento. Se você se identificou com a descrição e quer reverter essa situação, então mexa-se!

As substâncias químicas produzidas pela prática de exercícios proporcionam prazer, bem-estar, melhoram o humor e os sintomas físicos. Em outras palavras, oferecem-lhe condições de ser mais feliz e de fazer os outros felizes, facilitando sua vida e a daqueles que convivem com você.

Terapia hormonal, uso de suplementos vitamínicos, anti-inflamatórios, diuréticos, psicoterapia e acupuntura muitas vezes podem ser substituídos por apenas duas medidas, mais simples e econômicas: alimentação adequada e exercícios moderados. Elas não só aliviam a SPM como também a deixam mais bonita, mais saudável, mais disposta, melhoram as relações sociais e prolongam a vida.

Mas atenção! A SPM pode variar individualmente e causar sintomas leves, moderados ou graves. Na dúvida, procure um médico, principalmente nos casos graves (resistentes a tratamento). Ele saberá avaliá-la e orientá-la.

Observação: Se você é homem e convive com mulheres portadoras de SPM, tenha paciência durante o período que precede a menstruação; quando ele passar (e somente quando ele passar) aproveite a oportunidade para tentar conversar com ela(s) sobre uma possível adesão à prática de exercícios e hábitos alimentares saudáveis.

E se você é homem e ainda não encontrou a sua cara-metade, aí vai uma sugestão: procure uma mulher fisicamente ativa. Estudos científicos demonstram que elas apresentam menos problemas físicos e emocionais em comparação às sedentárias. Finalmente, se você é sedentário, pense na possibilidade de iniciar um programa de treinamento físico, afinal homens fisicamente ativos também têm menos problemas que os inativos. Quem sabe você encontra a sua parceira em uma academia, em uma pista de corrida ou em uma escola de dança?

Capítulo 13

Como superar outras doenças através dos bons hábitos

ALÉM DAS JÁ MENCIONADAS, há inúmeras outras doenças que podem ser superadas por meio de bons hábitos; vamos abordar algumas delas. Mas, atenção! É importante salientar que os bons hábitos são fundamentais para a prevenção; uma vez que a doença já esteja instalada, eles devem fazer parte do tratamento médico convencional.

Cefaleia (dor de cabeça). Mais de 60 milhões de brasileiros apresentam algum tipo de dor de cabeça. Ela pode ser desencadeada por fatores como sedentarismo, alimentação inadequada, estresse, depressão, ansiedade, obesidade, sono irregular, variações hormonais e uso indevido de analgésicos que podem, inclusive, torná-la crônica.

Por outro lado, também pode ser secundária a outras doenças como sinusite, hipertensão intracraniana e vícios refracionais não corrigidos (por exemplo: hipermetropia, astigmatismo), entre muitas outras.

No primeiro caso, corrigir hábitos inadequados é fundamental tanto na prevenção quanto no tratamento. Vale mencionar que os exercícios físicos, especialmente os aeróbicos, são importantes aliados na luta contra a cefaleia, uma vez que ativam a circulação sanguínea, melhorando a oxigenação do cérebro; também ajudam a relaxar e produzem endorfinas que atuam na modulação da dor.

No segundo caso, é imperativo que a causa primária seja identificada e tratada. Dessa forma, a melhora da cefaleia ocorre como consequência natural da eliminação do fator causal. Mesmo nesse caso, o paciente não está isento de aderir a um estilo de vida saudável para manutenção da saúde e do bem-estar.

Glaucoma. O aumento da pressão do olho (isso mesmo, o olho tem pressão e ela independe da pressão arterial) pode causar alterações no campo visual e no nervo óptico, caracterizando uma doença chamada glaucoma, que pode, inclusive, levar à cegueira quando fora de controle.

Acredita-se que a acidose que ocorre no organismo após a prática de exercícios ajude a controlar a pressão intraocular (PIO)[2].

A PIO pode diminuir em resposta à prática de exercícios aeróbicos, mas também com musculação[3].

Vale mencionar que, no tratamento do glaucoma, podem estar indicados desde o uso de um simples colírio até terapia com raio laser e intervenções cirúrgicas. Tudo varia de acordo com o nível da PIO, das alterações no campo visual e da resposta que ambos apresentam a cada tipo de terapia.

Os exercícios, entretanto, são importantes tanto na prevenção quanto no tratamento do glaucoma.

Retinopatia hipertensiva e diabética. Ambas podem decorrer, respectivamente, de hipertensão arterial e diabetes *mellitus* descontroladas e podem causar alterações nos vasos sanguíneos da retina. Estas, por sua vez, podem ser leves, moderadas ou graves, podendo, inclusive, levar à perda da visão.

Hipertensão e diabetes já foram discutidas nos Capítulos 4 e 5, respectivamente. Neles, foi mencionada a importância da alimentação adequada aliada à prática de exercícios, na prevenção e no controle de ambas. Mantê-las sob controle é uma forma de prevenir suas complicações, entre as quais, a retinopatia hipertensiva e diabética.

Degeneração macular relacionada à idade (DMRI). Trata-se de uma doença perversa que, em geral, acomete indivíduos acima de 60 anos e representa a maior causa de deterioração visual e cegueira, nessa faixa etária. Ocorre que, com o passar dos anos, as células da mácula, região central da retina, podem sofrer degeneração e causar perda progressiva da visão. E o pior é que não há um tratamento realmente eficaz para evitar a perda visual.

Embora possa haver envolvimento de fatores genéticos, eles parecem não ser o principal determinante para o desenvolvimento da DMRI. Infelizmente, não se pode dizer a mesma coisa do tabagismo.

Estudos científicos demonstram que os fumantes apresentam maior risco de desenvolver DMRI do que os não fumantes[4,5].

Os estudos também confirmam a associação entre o fumo passivo e o aumento do risco de desenvolvimento de DMRI[5].

Por outro lado, uma alimentação nutritiva, rica em ômega-3 (encontrado, por exemplo, na sardinha, no salmão e nas trutas) representa um fator de proteção contra a DMRI[4].

Como se não bastassem todas as doenças que podem surgir devido ao tabagismo (ver Capítulo 19 – sobre tabagismo), ainda temos mais essa associação entre o fumo e a DMRI, que pode levar à cegueira. Portanto, essa é mais uma boa razão para parar de fumar, além de uma oportunidade para adotar um estilo de vida saudável.

Catarata. É uma condição na qual o cristalino (uma "lente orgânica", situada atrás da pupila) torna-se opaco. Isso, obviamente, pode prejudicar a visão.

Assim como na DMRI, estudos científicos também demonstram uma relação importante entre tabagismo e catarata, ou seja, fumantes têm maior risco de desenvolver catarata do que não fumantes[6,7].

Como sempre, abster-se do fumo, manter o estresse sob controle, adotar uma alimentação nutritiva e fazer exercícios são atitudes positivas também na prevenção da catarata.

Nota: Dependendo do grau de acometimento do cristalino, a conduta pode variar de uma simples observação, com retornos periódicos para reavaliação, até a indicação de uma cirurgia.

Mal de Parkinson. Um estudo científico, feito pelo doutor Michael Zigmond, professor de neurologia da Universidade de Pittsburg (EUA), revelou que os exercícios físicos podem minimizar a degeneração dos neurônios que ocorre na doença de Parkinson. Nesse estudo foram observados: aumento da resistência dos neurônios e aumento da liberação de fatores de proteção aos neurônios produtores de dopamina (neurotransmissor cuja falta é a causa da doença de Parkinson). Além disso, os exercícios ainda promovem outras modificações cerebrais, como melhor aporte sanguíneo para o cérebro e aumento das conexões entre os neurônios[8].

Portanto, exercícios físicos são importantes na prevenção e no tratamento da doença de Parkinson.

Menopausa. Menopausa não é doença. É uma fase que a mulher enfrenta, em geral, após os 50 anos de idade e é caracterizada pela falência da atividade dos ovários. Em consequência, a produção dos hormônios ovarianos (estrógeno e progesterona) é interrompida e seus níveis sanguíneos caem demasiadamente. Essa queda hormonal é a responsável pelos inúmeros problemas que podem acometer as mulheres após a menopausa. Vamos abordar somente três deles: doenças cardiovasculares, sintomas psicológicos e osteoporose.

A menopausa e as doenças cardiovasculares: O estrógeno é considerado um fator de proteção contra as doenças cardiovasculares. Algumas das ações desse hormônio incluem: aumento do HDL (o bom colesterol), diminuição do LDL (o colesterol ruim), melhora da circulação sanguínea e combate aos radicais livres.

Quando o nível de estrógeno cai, o LDL aumenta e o HDL diminui; isso facilita o depósito de colesterol nas artérias, o que predispõe às doenças cardiovasculares[9].

Para diminuir esse risco, recomenda-se uma alimentação saudável e a prática de exercícios, principalmente os aeróbicos, que ativam a circulação, aumentam o calibre dos vasos sanguíneos, fortalecem o coração e auxiliam no combate ao colesterol ruim.

A menopausa e os sintomas psicológicos: A queda do nível de estrógeno também provoca distúrbios no sistema que regula o humor e o comportamento. Assim, sintomas como depressão, ansiedade e irritabilidade surgem com frequência durante a menopausa[10].

A prática de exercícios libera substâncias como a serotonina, a dopamina e as endorfinas, que proporcionam bem-estar e prazer, minimizando as alterações psicológicas inerentes a essa fase.

A menopausa e a osteoporose: Esse assunto já foi discutido no Capítulo 9 (sobre osteoporose). Porém, vale lembrar que o estrógeno pode estimular a atividade dos osteoblastos[11] (células que fabricam ossos). A queda do nível de estrógeno, portanto, aumenta o risco de deterioração óssea e, por conseguinte, de osteoporose.

Nesse caso, também está indicada a prática de exercícios, aliada a uma alimentação rica em cálcio e exposição ao sol. São medidas que fortalecem os ossos, minimizando o risco de osteoporose na menopausa.

| A menopausa e a reposição hormonal

O tratamento com reposição de estrógeno é uma alternativa para mulheres após a menopausa. Porém, especial atenção deve ser dada a essa questão, uma vez que a conduta pode aumentar o risco de desenvolver câncer de mama[3].

| Considerações finais

Dezenas de outras doenças poderiam ter sido incluídas neste capítulo, entretanto ficaremos apenas nas já descritas. A grande verdade é que, com poucas exceções, os bons hábitos podem prevenir a ocorrência da maioria das doenças. A receita é sempre a mesma e você já a conhece. Resta, então, o desafio: colocar os bons hábitos em prática e observar os resultados. Agora é com você!

Capítulo 14

Alimentação e hidratação

Tanto este quanto o próximo capítulo abordam assuntos de fundamental importância para a manutenção da saúde: alimentação, hidratação e sono; afinal, os três itens não podem ser excluídos de um livro sobre saúde.

Sono, alimentação e hidratação são temas recorrentes na literatura médico-científica e já foram abordados com maestria em várias publicações. Este livro tem o propósito de fornecer ao leitor conhecimentos básicos sobre esses três importantes elementos.

Vamos começar pela hidratação.

Noções sobre hidratação

Para você entender a importância da água para a saúde, basta mencionar que 70% do organismo é composto por ela. Suas funções incluem hidratação da pele, lubrificação das articulações, equilíbrio térmico, eliminação de resíduos, melhora da circulação sanguínea etc.

Infelizmente, muitas pessoas ainda ignoram a sua importância ou desconhecem a maneira correta de hidratar-se.

A maioria dos brasileiros, por exemplo, tem o hábito de beber líquido durante as refeições; trata-se de um erro. O correto seria ingerir água com frequência, porém nunca com alimentos sólidos; sempre antes ou depois, num intervalo superior a 40 minutos. Existem, basicamente, duas razões para isso: a primeira é que o líquido ingerido dilui o suco gástrico (suco presente no estômago que ajuda a digerir os alimentos) e isso interfere na digestão. A segunda é que, durante o processo digestivo, os líquidos têm prioridade em relação aos sólidos[1]. Portanto, ingerir líquidos e sólidos simultaneamente retarda a digestão.

A quantidade ideal de água a ser ingerida é, em média, dois litros por dia, de preferência sem gelo. Circunstâncias como clima quente ou prática desportiva exigem o consumo de quantidade maior. A ingestão deve iniciar-se logo cedo, antes mesmo do café da manhã. Deve continuar no período entre o café da manhã e o almoço e entre o almoço e o jantar. Procure evitar a ingestão de líquidos à noite para não interromper o sono.

Entre beber água e outros líquidos, dê preferência à água, principalmente se as demais opções forem refrigerantes, bebidas alcoólicas ou mesmo sucos adoçados com açúcar. Água de coco também é uma alternativa muito saudável.

Para saber se está ingerindo a quantidade certa de água, convém ficar atento à cor da sua urina, que deve ser sempre clara.

A sua saúde agradece.

| Alimentação

Muito se tem falado sobre alimentação balanceada. Mas afinal, o que é uma alimentação balanceada?

O propósito aqui não é escrever um tratado sobre nutrição e, sim, dar ao leitor uma noção de quais alimentos devem ser priorizados, para garantir uma alimentação saudável, e de como fazê-lo.

| O que devemos comer

Muitas pessoas alimentam-se mal por falta de conhecimento, outras por indisciplina, outras, ainda, por falta de condições; seja lá qual for o caso, aqui vão algumas noções de como proceder para garantir uma alimentação balanceada.

Uma alimentação balanceada deve conter, aproximadamente, 55% de carboidratos, 30% de gorduras e 15% de proteínas. Minerais, fibras e vitaminas também devem ser consumidos diariamente.

Carboidratos podem ser encontrados em alimentos como massas, pães, batatas, mandioca, beterraba, cereais, trigo, milho, grão-de-bico, ervilhas, lentilha, feijões, frutas e vegetais. Eles são a fonte energética do organismo.

Gorduras podem ser encontradas em alimentos como nozes, amendoins, amêndoas, avelãs, castanhas, abacate, azeite de oliva, carnes, peixes, aves e gema de ovos. Elas desempenham importantes funções para o organismo, como transporte e depósito de vitaminas (A, D, E e K), armazenamento de energia, proteção térmica, proteção de órgãos e produção de hormônios.

Proteínas podem ser encontradas em alimentos como carnes, peixes, aves, queijos, iogurtes, clara de ovos, soja e arroz integral. Elas exercem funções como construção, manutenção e reparação dos órgãos.

Minerais: segue-se uma pequena lista dos principais minerais, suas fontes e algumas funções.

Sódio: pode ser encontrado em praticamente todos os tipos de alimento, portanto uma dieta equilibrada supre as necessidades diárias, dispensando, assim, sua adição às refeições. Trata-se de um elemento fundamental para o bom funcionamento do organismo. Exerce funções como a retenção hídrica e participa da transmissão dos impulsos nervosos e musculares.

Potássio: presente em bacalhau, damasco seco, uva-passa, tâmara, amêndoa, castanha-do-pará, feijão, ervilha, lentilha, banana-prata, legumes e verduras. Atua no equilíbrio ácido-base e na geração de energia para o organismo. Participa da origem e condução dos impulsos nervosos.

Cálcio: presente em alimentos como leite, iogurtes, queijos, peixes e frutos do mar. É importante para a formação dos ossos e para o seu fortalecimento, participa do processo de coagulação sanguínea, da dinâmica dos músculos e da condução de impulsos nervosos.

Fósforo: presente em praticamente todos os tipos de alimento. Peixes, carne, leite, legumes e vegetais. Assim como o cálcio, também é importante para os ossos, auxilia na geração de energia, participa do equilíbrio ácido-base e da função das proteínas. Importante para que os nutrientes da dieta sejam devidamente absorvidos e transportados através da corrente sanguínea.

Ferro: presente na carne vermelha, nos peixes, no fígado, em folhas verde-escuras, brócolis, lentilha, ervilha, feijões. Importante para a formação da hemoglobina, cuja função é transportar oxigênio; participa de várias reações enzimáticas, atua na atividade da vitamina A, participa da formação do colágeno e de neurotransmissores.

Magnésio: presente em folhas verdes, legumes, castanhas, cereais, iogurte, leite, queijos, algas e frutos do mar. Participa do metabolismo dos carboidratos, das proteínas e dos lipídios. Importante na condução de impulsos nervosos.

Iodo: presente em alimentos como o camarão, a lagosta, folhas verdes, água e sal. Importante componente dos hormônios tireoidianos.

Flúor: esse elemento pode ser encontrado na água, em alguns chás e, dependendo das condições de plantio, em vegetais. Protege os dentes contra cáries.

Selênio: presente na castanha-do-pará, tem propriedades antioxidantes e combate o câncer.

Zinco, cobre e manganês: atuam como antioxidantes e podem ser obtidos através de alimentação balanceada[4]. (itens 7-8)

Fibras são encontradas em frutas, verduras, vegetais, farelos e cereais em geral. Atuam na dinâmica do aparelho digestivo e auxiliam no controle do colesterol.

Vitaminas: a seguir, uma lista contendo algumas vitaminas, suas fontes e funções.

- » Vitamina A: presente na cenoura, na manga, no mamão, na abóbora, no morango, na couve, no agrião, no fígado, na gema de ovo, no leite. É importante para a visão, fortalece o sistema imunológico, atua no desenvolvimento do cérebro e dos nervos e na preservação de vários tecidos.
- » Ácido fólico: presente em alimentos como fígado, feijão, legumes, folhas verdes e brócolis, ajuda a formar as células brancas e vermelhas do sangue e o DNA.
- » Vitamina B1 (tiamina): presente nos grãos e nos cereais integrais, nos legumes e nas verduras, nas carnes, no fígado e nos ovos. É importante para o sistema nervoso e atua no metabolismo de alguns nutrientes.
- » Vitamina B2: presente na carne, no leite, no iogurte, nos queijos, nos ovos, nos peixes, nos cereais integrais, nas hortaliças e nos legumes. Fortalece o sistema imunológico, atua na produção de células vermelhas do sangue e no metabolismo de nutrientes.
- » Vitamina B12: presente na carne, nos peixes, no leite e nos ovos. Atua no bom funcionamento dos neurônios e das células vermelhas e também participa do metabolismo de nutrientes e da absorção do ácido fólico.
- » Vitamina C: presente na goiaba, na laranja, no limão, na acerola, no morango, no brócolis, no repolho, no espinafre e nas verduras em geral. Melhora o sistema imunológico, funciona como antioxidante, atua na síntese do colágeno e na absorção do ferro.
- » Vitamina D: presente em peixes, ovos, leite e fígado. Participa da absorção do cálcio para crescimento e fortalecimento dos ossos.
- » Vitamina E: pode ser encontrada no azeite de oliva, em amêndoas, avelã, germe de trigo e ovos. Tem propriedades antioxidantes e preserva a fertilidade.
- » Vitamina K: presente em frutas e verduras, no fígado, nos cereais e no leite. Atua na coagulação do sangue e na fabricação de proteínas dos rins, dos ossos e do sangue.
- » Niacina: presente nas carnes brancas e vermelhas, em peixes, no fígado, no amendoim, nos cereais e nos legumes. Atua na síntese dos hormônios sexuais e no metabolismo de nutrientes[5].

Vale lembrar que os alimentos na forma integral (pães, arroz e massas em geral) são mais ricos em nutrientes em comparação aos não integrais.

Eles também contêm mais fibras e, por isso, são digeridos mais lentamente, favorecendo o controle glicêmico e do colesterol, acelerando o metabolismo e auxiliando a perda de peso.

Quanto às gorduras, as de origem vegetal (insaturadas) devem ser priorizadas. Elas são mais saudáveis que as de origem animal ou trans e não oferecem risco de oclusão arterial, de aumento do colesterol ruim e de formação de pedras na vesícula (ver Capítulo 17 – sobre gordura e colesterol).

Prefira leite e iogurte desnatados, queijo branco ou ricota em vez do queijo amarelo.

É recomendável o consumo de, no mínimo, quatro diferentes tipos de frutas diariamente; elas contêm vitaminas (fortalecem o sistema imunológico), minerais (funcionam como antioxidantes) e fibras (melhoram o funcionamento do intestino). Pelas mesmas razões, recomenda-se o consumo de, ao menos, quatro tipos de vegetais (legumes, verduras) crus por dia.

O consumo de frutas secas como uva-passa, banana-passa, ameixa, figo, damasco e tâmara deveria ser um hábito incorporado à rotina alimentar das pessoas. Elas são ricas em açúcares naturais, vitaminas e minerais. Infelizmente, isso ainda está longe de ser realidade na dieta da maioria dos brasileiros.

Castanhas, nozes, amêndoas e avelãs também são itens indispensáveis para uma dieta balanceada. Elas são ricas em gorduras insaturadas e têm propriedades antioxidantes.

Itens como sal, açúcar, doces em geral, margarinas, manteigas, café e álcool são dispensáveis da dieta[2], porém, por uma questão de hábito, muitas pessoas simplesmente não conseguem abrir mão deles. Nesse caso, a palavra de ordem é moderação.

Procure evitar o consumo de carnes gordurosas, linguiças, frituras em geral, salgadinhos de pacote, biscoitos recheados, bolos, tortas, sorvetes, refrigerantes e outros produtos industrializados. Muitos desses produtos contêm gorduras maléficas (saturada e trans), sal e açúcar refinado em excesso, o que acarreta prejuízos à saúde.

Também devem ser evitados os embutidos (salsicha, salame, mortadela, presunto) e enlatados, que são pobres em nutrientes, têm excesso de sódio e de gorduras nocivas.

Como devemos comer

O segredo de uma boa alimentação não está apenas no "que" se come, mas também em "como" se come.

A recomendação é comer a cada três horas; isso inclui as refeições principais (café da manhã, almoço e jantar) e as refeições intermediárias, aquelas que são feitas entre as principais: lanche da manhã, lanche da tarde e ceia. Basicamente, deve-se comer entre cinco e seis vezes ao dia. Isso mantém o aparelho digestivo sempre em funcionamento, acelera o metabolismo e ajuda a perder peso.

Convém tomar um café da manhã reforçado. Escolha entre itens nutritivos como aveia, cereais em geral, granola, iogurtes, frutas, pão integral, queijo branco, leite desnatado (ou de soja) e suco de frutas e comece o dia bem nutrido.

Três horas depois, coma uma fruta.

Para o almoço, escolha alimentos como arroz integral, feijão, legumes, carne vermelha magra ou branca (assada, cozida ou grelhada), peixes ao forno e salada em abundância.

Três horas depois, coma mais uma fruta.

No jantar, procure ingerir alimentos leves, nutritivos e de fácil digestão. Saladas, sopas, lanches naturais, frutas e iogurtes são algumas alternativas.

A ceia, quando presente, deve ser composta de alimentos igualmente leves.

"Nunca sejas guloso em banquete algum; não te lances sobre tudo o que se serve, pois o excesso no alimento é causa de doença, e a intemperança leva à cólica. Muitos morreram por causa de sua intemperança, o homem sóbrio, porém, prolonga sua vida." Eclesiástico 37, 32-34.

Capítulo 15

O sono
Sua importância para a saúde

RADUAN NASSAR, FAMOSO E BEM CONCEITUADO escritor brasileiro que não mais se dedica à literatura, disse certa vez, em uma entrevista à imprensa: "Dormir é a melhor coisa deste mundo. Nem leitura, nem diversão, nem uma boa mesa, nada se compara. Sexo, então, é fichinha perto. É um momento de magia quando você, só cansaço, cansaço da pesada, deita o seu corpo e a sua cabeça numa cama e num travesseiro. Ensaio, prosa, poesia, modernidade, tudo isso vai para o brejo quando você escorrega gostosamente da vigília para o sono. É o nirvana!"[1].

Infelizmente, nem todos pensam como Raduan Nassar; além disso, o mundo moderno convida as pessoas a viver em ritmo alucinante; excesso de trabalho ou de estudo, televisão, internet e baladas noturnas são exemplos de atividades que induzem as pessoas a permanecer acordadas por um tempo maior que o desejável.

Na verdade, a privação esporádica do sono não traz consequências sérias ao organismo. Porém, quando ela se torna crônica, o resultado pode ser o aparecimento de doenças graves. Isso porque o sono é um elemento fundamental para a manutenção da saúde, tanto quanto a alimentação e os exercícios físicos.

Necessidade: quanto tempo necessitamos dormir por noite

A necessidade de sono varia individualmente, porém pode-se afirmar que 90% das pessoas necessitam dormir, em média, oito horas por noite para obterem um descanso completo. Essa é a média para os adultos. Crianças, adolescentes e jovens têm uma necessidade maior, que pode variar de nove a doze horas por noite, principalmente se fazem algum tipo de atividade física.

A razão desse tempo pode ser entendida quando se estuda o processo do sono.

Há dois tipos de sono: o sono quieto e o sono REM (sigla em inglês que significa movimentos oculares rápidos). Durante o sono quieto o cérebro fica lento; é uma passagem para o sono mais profundo. Durante o sono REM o cérebro fica ativo; é a fase em que ocorrem os sonhos.

O sono também é dividido em cinco fases: na primeira e na segunda, ele é leve; na terceira e na quarta, profundo; a quinta é a fase dos sonhos. Esse ciclo dura, em média, uma hora e meia e repete-se cerca de cinco vezes por noite.

Muito bem, se não me falha a matemática, a soma de cinco ciclos com duração média de uma hora e meia cada um tem como resultado sete horas e meia. Então, o tempo mínimo para que ocorram cinco ciclos completos varia de sete horas e meia a oito horas. Em geral, quem dorme menos que isso não consegue completar os cinco ciclos e, portanto, não obtém um descanso completo.

Diferenças entre sono noturno e sono diurno

Muitas pessoas têm dúvida em relação a essa questão: dormir durante o dia ou durante a noite tem o mesmo efeito sobre o organismo? A resposta é **não**.

O sono noturno tem melhor qualidade, sendo melhor para a saúde que o sono diurno, e a chave para esse entendimento chama-se **melatonina**.

A melatonina, o hormônio indutor do sono, é produzida na ausência de luz; sua secreção pela glândula pineal inicia-se por volta das 21 horas e termina ao amanhecer. Acredita-se que a melatonina seja responsável por alguns efeitos benéficos como: melhora da depressão, da insônia, do desempenho sexual, prevenção de alguns tipos de câncer e retardo no processo de envelhecimento.

Além disso, a luminosidade, barulhos e temperaturas mais altas são outros fatores que prejudicam a qualidade do sono diurno. O dormidor diurno, também, dorme menos tempo e seu sono REM é mais curto.

Portanto, sono de qualidade é o noturno, com duração mínima de oito horas, ausência de luz e de ruídos, temperatura, colchão e travesseiro adequados.

| Funções do sono

- » Secreção do GH: uma das principais funções do sono é a secreção do hormônio do crescimento, o GH. Aproximadamente 70% desse importante hormônio é secretado durante o sono; ele contribui para a renovação celular, a mineralização dos ossos, o desenvolvimento muscular e para o tônus da pele, razão pela qual sua falta pode acarretar envelhecimento precoce, fragilidade esquelética, perda da massa muscular e flacidez.
- » Limpeza do organismo: impurezas ingeridas ou inaladas no decorrer do dia são eliminadas do organismo durante o sono. Produtos químicos contidos nos alimentos industrializados, fumaça de caminhões e ônibus são só alguns exemplos dessas impurezas. Elas penetram em nosso corpo e podem ser eliminadas, desde que o indivíduo tenha um sono com duração e qualidade adequadas. A privação do sono, entretanto, pode resultar em acúmulo dessas substâncias que, futuramente, podem causar doenças.
- » Reparo de células: durante o dia, as células de todos os nossos órgãos sofrem agressões ou lesões por causas diversas. O reparo dessas células também ocorre durante o sono. Detalhe importante: os mecanismos de reparo duram, em média, oito horas; tal processo pode não se completar com tempo de sono inferior a esse. Assim, as células lesadas remanescentes podem vir a causar prejuízos orgânicos.
- » Reposição energética: é durante o sono que ocorre a reposição da energia gasta no decorrer do dia.

- » Combate aos radicais livres: sono adequado pode combater os radicais livres e, portanto, é um forte aliado na prevenção do câncer e de doenças degenerativas.
- » Melhora do aprendizado.
- » Aprimoramento da capacidade mental para a solução de problemas.
- » Auxilia a organização de ideias.
- » Seleção das informações importantes para serem armazenadas e descarte das irrelevantes.
- » Gravação das informações importantes no cérebro: essa ação é modulada pelas emoções e ocorre durante o sono REM.
- » Transferência de informações armazenadas no hipocampo (memória temporária) para o córtex cerebral.
- » Restauração e consolidação da memória.
- » Aprimoramento da capacidade de aprender línguas, além de abrir portas para novos aprendizados.
- » Aprimoramento da habilidade artística e das funções intelectuais.
- » Melhora do desempenho cognitivo e motor.
- » Melhora do humor e da disposição.
- » Assimilação do trabalho muscular: a atividade muscular feita durante o dia é assimilada durante o sono.

Possíveis consequências de poucas horas dormidas

- » Envelhecimento precoce: a privação do sono compromete a liberação do hormônio do crescimento, cuja deficiência acarreta perda do tônus da pele e prejuízo da renovação celular.
- » Obesidade: a privação do sono pode favorecer o desenvolvimento da obesidade de três formas: **1-** Grelina e leptina são os hormônios responsáveis pelo apetite e pela saciedade, respectivamente. A privação do sono provoca um desequilíbrio entre eles em favor do primeiro, facilitando a instalação do sobrepeso. **2-** Desaceleração do metabolismo da glicose e hiperglicemia também podem decorrer da privação do sono. Em resposta, o nível de insulina aumenta, o que favorece a retenção de gordura e a hipertrofia do tecido gorduroso. **3-** Outra

consequência da privação do sono é a elevação do nível de cortisol, que induz à perda muscular e ao ganho de gordura abdominal.
» Diabetes: o estresse provocado pelas noites maldormidas eleva os níveis de adrenalina, noradrenalina e cortisol, o que predispõe à resistência à insulina.
» Hipertensão arterial: aqui os envolvidos também são o cortisol, a noradrenalina e a adrenalina, cuja ação vasoconstrictora favorece a instalação da hipertensão arterial.
» Arritmias cardíacas: sono inadequado pode interferir nos impulsos elétricos que regulam os batimentos cardíacos.
» Aumento do colesterol.
» Infarto do miocárdio.
» Acidente vascular cerebral.
» Depressão.
» Ansiedade.
» Alterações do humor.
» Prejuízo da memória, da concentração, do aprendizado e da atenção.
» Agressividade e irritabilidade.
» Prejuízo da capacidade de iniciativa.
» Prejuízo do desempenho cognitivo e motor.
» Síndrome do pânico
» Queda da resistência imunológica: sono inadequado diminui a quantidade de células e outros elementos de defesa, favorecendo a instalação de infecções em geral.
» Acidentes em geral.

Sugestões para uma boa noite de sono

» Tente criar o hábito de dormir e acordar mais ou menos no mesmo horário todos os dias. O melhor horário para pegar no sono é entre dez e meia e onze horas da noite. Tente permanecer na cama durante oito horas.
» Evite comer em horário próximo ao de ir para a cama.
» Evite alimentos gordurosos (frituras, carnes) à noite; eles retardam a digestão e prejudicam o sono.

- » Evite doces e produtos com alto índice glicêmico para não sobrecarregar o organismo durante o sono.
- » Evite beber muito líquido antes de dormir para não ter de ir ao banheiro de madrugada; isso atrapalha o sono.
- » Evite estimulantes como café, refrigerantes, álcool e cigarro à noite, pois eles estimulam o sistema nervoso e prejudicam o sono.
- » Na hora de dormir procure esvaziar a mente e não conte carneirinhos.
- » Não leve trabalho, nem preocupações para a cama. Tente relaxar.
- » Se quiser dormir durante o dia, faça-o, no máximo, por trinta minutos, tempo ideal para não interferir no sono noturno.
- » Sono de qualidade requer ausência de luz e de barulho, temperatura adequada (entre 17 e 20º C), além de um bom colchão e um bom travesseiro (ver Capítulo 10 – sobre dor nas costas).
- » Procure fazer exercícios físicos regularmente, mas não perto da hora de dormir, para não estimular o sistema nervoso e prejudicar o sono.
- » Tome um banho quente antes de se deitar. Isso o ajudará a relaxar.

E se você é daqueles que dormem pouco e diz: "não consigo dormir mais que isso", aí estão as sugestões para dormir melhor.

Tente! A sua juventude agradece.

"Melhor é um punhado de descanso do que um punhado duplo de trabalho árduo e um esforço para alcançar o vento." Eclesiastes 4:6.

Capítulo 16

Açúcar

O que você precisa saber sobre ele, mas nunca pensou em perguntar

O AÇÚCAR ESTÁ DE TAL FORMA INCORPORADO à nossa cultura e à nossa culinária que a maioria das pessoas não tem uma noção exata do que ele é e dos possíveis riscos de seu consumo abusivo. Muita gente acha que o açúcar é um aditivo natural à alimentação. Não, não é. Na verdade, a adição de açúcar é totalmente dispensável para a alimentação.

Os efeitos do açúcar para a saúde podem ser amargos, como atestam vários estudos científicos e, infelizmente, muitas pessoas ainda os desconhecem.

| O que é o açúcar

Em primeiro lugar, é preciso esclarecer que o açúcar refinado não se enquadra na categoria de alimento; trata-se de um produto químico. Ocorre que, durante o processo de refinação, vários produtos químicos são adicionados ao açúcar, ao mesmo tempo que dele são retirados sais minerais, vitaminas, fibras, proteínas, ou seja, todos os nutrientes originais da cana-de-açúcar. O resultado é um composto químico de cor branca, com calorias em excesso, porém desprovido de nutrientes. Em outras palavras, o açúcar faz engordar sem oferecer uma única molécula de nutriente ao organismo.

A sacarose (açúcar refinado) é composta por uma molécula de glicose e outra de frutose. A diferença é que, enquanto a glicose e a frutose naturais são boas para o organismo, as fornecidas pela sacarose são desnecessárias e prejudicias à saúde. **Nota:** Tanto a glicose quanto a frutose do açúcar refinado estão relacionadas à produção do colesterol[1].

| O consumo no decorrer dos anos

Estima-se que 260 anos atrás um cidadão comum consumia, em média, 2 kg de açúcar ao ano. Cem anos depois, essa média já estaria próxima de 10 kg ao ano. Atualmente, estima-se que ela tenha ultrapassado os 70 kg ao ano.

O consumo abusivo de açúcar, seja adicionado a bebidas, bolos, pudins, tortas, bolachas, sorvetes, refrigerantes ou sob outra forma, tem sido apontado como responsável pelo aumento da prevalência de várias doenças em todas as faixas etárias, etnias e em ambos os sexos.

Se o sobrepeso, a obesidade, as cáries dentárias e o risco de diabetes fossem as únicas implicações do consumo exagerado, isso já seria preocupante; infelizmente, a lista de problemas pode ser muito maior.

| Uma tendência histórica

Durante muito tempo, a capacidade que os homens primitivos desenvolveram para identificar o cheiro e o gosto doce dos alimentos foi fundamental para a sobrevivência e a preservação da espécie. Tal capacidade permitiu que, através do olfato e do paladar, eles conseguissem diferenciar os alimentos bons daqueles inadequados para consumo e selecionassem os primeiros para serem consumidos.

Os alimentos doces também são fontes de glicose, o principal substrato energético para as células do organismo, o que justifica nossa tendência histórica para a ingestão de doces. Herdamos, assim, dos nossos parentes longínquos, a programação biológica para o consumo de doces.

A questão aqui não é poder ou não comer doces; nosso organismo necessita de glicose, sua principal fonte de energia. A questão crucial é o tipo de doces que devemos comer, aquele que nosso organismo está programado para consumir.

| O açúcar ideal para consumo

Nos primórdios da história, os seres humanos consumiam doces em forma de frutas, legumes e outros alimentos disponíveis na natureza. Naquela época, não havia outra forma de açúcar a não ser o encontrado *in natura*. Como somos descendentes desses seres primitivos, herdamos um sistema digestivo semelhante, portanto é para consumir esse tipo de doce que o nosso organismo está programado[3].

Doces saudáveis e naturais, como as frutas frescas, as frutas secas e o suco de frutas, podem e devem ser consumidos. São excelentes fontes de glicose natural, que fornece energia e nutre ao mesmo tempo. Os legumes, o leite, o mel, as castanhas, as nozes, o trigo, a cevada, as batatas, a lentilha, a soja e os feijões também são fontes naturais de açúcar[4].

| AGEs – as moléculas criminosas

Quando o assunto é açúcar, é impossível não mencionar as AGEs, que estão diretamente relacionadas aos inúmeros problemas causados pela hiperglicemia.

AGEs (*Advanced Glycation End Products*) é uma sigla que significa "produtos finais de glicação avançada". São moléculas formadas a partir de uma reação entre o açúcar e as proteínas (a reação de glicação das proteínas).

Essas moléculas perversas são capazes de alterar a estrutura e a função de vários tipos de proteínas e, também, podem causar degradação e oxidação celular[5].

Só para o leitor ter uma ideia da perversidade das AGEs, basta mencionar que elas podem agir em qualquer órgão ou tecido formado por proteína, inclusive no DNA. Elas também são apontadas como culpadas por inúmeras complicações do diabetes, como: retinopatia, neuropatia periférica, nefropatia e lesões arterioscleróticas (que, por sinal, aumentam o risco de mortalidade por problemas cardiovasculares e cerebrovasculares)[5].

O açúcar, o sobrepeso e a obesidade

Sempre que ingerido, o açúcar refinado (ou equivalente) é rapidamente absorvido pelo trato digestivo, pois é desprovido de nutrientes ou fibras que desacelerariam a sua digestão; assim, ele atinge a corrente sanguínea imediatamente e faz com que a glicemia suba rapidamente (alto índice glicêmico). A partir daí, ele pode ser transformado em gordura e estocado, gerando sobrepeso ou obesidade, a qual representa uma porta de entrada para inúmeras doenças.

Um estudo científico publicado no *Journal of the American Medical Association* (*JAMA*) revelou que o alto consumo de bebidas doces (como refrigerantes) está associado ao ganho de peso[6].

Outro estudo publicado no *Journal of Pediatrics* também associa o consumo de bebidas adoçadas ao ganho de peso[10].

O açúcar, a resistência à insulina e o diabetes

Outra implicação do consumo excessivo de açúcar é que o aumento súbito da glicemia (açúcar no sangue) promove um aumento da liberação de insulina, o hormônio responsável por conduzir a glicose para dentro das células. O excesso desse hormônio na circulação por tempo prolongado pode gerar resistência à insulina (resposta anormal das células do organismo à presença da insulina) e, consequentemente, diabetes.

O mesmo estudo publicado no *JAMA* também evidenciou uma relação entre o elevado consumo de bebidas doces e o aumento do risco para o desenvolvimento de diabetes tipo 2[6].

Açúcar, doenças degenerativas e envelhecimento precoce

As AGEs, mencionadas anteriormente, também podem causar doenças degenerativas e envelhecimento precoce.

Alterações no colágeno, na elastina, no DNA, na estrutura renal, no cristalino ou em qualquer outra estrutura proteica pelas AGEs podem, respectivamente, acelerar o envelhecimento da pele e causar problemas vasculares, interferir na expressão gênica e nas mutações, induzir problemas nos rins e causar catarata, entre muitos outros problemas[7,8].

As proteínas que circulam no sangue (hemoglobina, albumina, globulinas e lipoproteínas) também não estão livres dos efeitos nocivos das AGEs; após a reação de glicação, elas podem apresentar comprometimento funcional[8].

A hemoglobina glicada, por exemplo, é bem menos eficaz no transporte de oxigênio do que a hemoglobina normal, o que pode prejudicar a oxigenação de todo organismo[7]. Globulinas glicadas diminuem a eficácia do sistema imunológico, e lipoproteínas glicadas podem ocluir vasos sanguíneos[8].

| O açúcar, os minerais, as enzimas, a osteoporose e os cálculos renais

Cálcio, fósforo, cromo, magnésio, cobalto, cobre, zinco e manganês. Esses e outros minerais são essenciais para o funcionamento adequado das enzimas. Acontece que a presença do açúcar pode interferir nos níveis sanguíneos dos minerais, bem como na relação entre eles. Minerais em excesso podem tornar-se tóxicos; sua falta pode prejudicar o desempenho das enzimas[3].

O açúcar também mantém uma relação perversa com o cálcio e o fósforo, que são parceiros entre si. O açúcar subverte a proporção entre esses dois elementos; para que esse desequilíbrio mineral seja compensado, pode ocorrer uma retirada de cálcio dos dentes e dos ossos. O resultado pode ser o surgimento de osteoporose e dentes frágeis (ver Capítulo 9 – sobre osteoporose).

Um estudo científico publicado no *Bone* (*Official Journal of the International Bone and Mineral Society*) sugere que a glicose adicionada a alguns tipos de bebida exerce efeitos deletérios no equilíbrio mineral e nos ossos[11].

Nota: O desequilíbrio entre cálcio e fósforo também pode favorecer a formação de cálculos renais, artrite e endurecimento de artérias[3].

| O açúcar, o colesterol e o ataque cardíaco

As AGEs são potencialmente causadoras de lesões nos vasos sanguíneos; some-se a isso o fato de que as AGEs também são capazes de alterar a estrutura do colesterol ruim (LDL) e estão colocadas as bases para o entupimento arterial. Aterosclerose, como já sabemos, aumenta o risco de morte por problemas cardíacos[5].

| O açúcar, o sistema digestivo e a desnutrição

Vimos que o excesso de açúcar pode interferir no nível e na relação entre os minerais, que são elementos essenciais para o funcionamento das enzimas. Com as enzimas digestivas não é diferente; na presença do açúcar, elas podem tornar-se menos eficazes para digerir os alimentos, que, por sua vez, podem atravessar o tubo digestivo, em boa parte mal digeridos. Nessas condições, parte do alimento mal digerido pode atingir a corrente sanguínea e funcionar como antígeno (substância estranha ao organismo). Em alguns casos, isso pode desencadear uma reação imunológica e resultar em alergia; em outros, podem surgir problemas inflamatórios, articulares e de pele[3].

A desnutrição parece ser uma consequência natural do consumo abusivo de açúcar, uma vez que ele fornece somente calorias vazias (calorias sem valor nutritivo) e pode prejudicar a absorção dos verdadeiros nutrientes.

| O açúcar e o sistema imunológico

Os leucócitos, conhecidos como células brancas, são parte do sistema imunológico, isto é, nosso sistema de defesa contra doenças. Essas células necessitam de proteínas para funcionar adequadamente; caso haja carência de proteínas, os leucócitos ficam enfraquecidos e seu desempenho, comprometido. Isso fragiliza o sistema imunológico e deixa o organismo vulnerável a doenças[3].

É basicamente isto que ocorre quando um indivíduo consome açúcar em excesso; as proteínas da dieta não são absorvidas adequadamente. A deficiência proteica compromete a eficácia do sistema imunológico, deixando o indivíduo suscetível a doenças e infecções[3].

Vale lembrar que a glicação das globulinas (proteínas do sistema imunológico) também pode enfraquecer as nossas defesas.

| O açúcar e o câncer

Acredita-se que o consumo excessivo de açúcar pode aumentar o risco de desenvolver câncer, pois ele está relacionado a alguns fatores que predispõem à doença, como a obesidade e o diabetes tipo 2.

Um estudo científico publicado no *Cancer Causes and Control* revelou que tanto o consumo de açúcar quanto a obesidade são fatores que aumentam o risco de câncer de cólon[12].

Outro estudo publicado no *Journal of the National Cancer Institute* revelou que o diabetes *mellitus* está associado ao aumento do risco de câncer de cólon e reto em mulheres[13].

Mais um artigo publicado no *Cancer Epidemiology, Biomarkers & Prevention* revelou que uma alimentação com alta carga glicêmica, frutose e sacarose está relacionada a um elevado risco de câncer de cólon e reto em homens[14].

A queda da resistência imunológica e a glicação das proteínas do DNA (favorecendo mutações) também são fatores que podem estar relacionados ao aumento do risco de câncer em situações de sobrecarga glicêmica.

Finalmente, baseado em bibliografia especializada, o médico David Servan-Schreiber menciona em seu livro *Anticâncer* que a glicose fornecida pelo açúcar, representa o principal combustível que alimenta as células do câncer[15].

| O açúcar e a labirintite

O doutor Yotaka Fukuda, professor da Universidade Federal de São Paulo, elaborou uma tese que explica de que forma as oscilações nos níveis de glicose e insulina podem afetar o funcionamento do labirinto (uma estrutura do ouvido interno).

A hiperglicemia e a sobrecarga de insulina podem interferir no funcionamento dos sistemas nervoso, digestivo e endócrino, produzindo disfunções no labirinto e, consequentemente, labirintite. Vertigem rotatória, náusea, vômito e aceleração dos batimentos cardíacos são só alguns dos sintomas da labirintite.

Pacientes do doutor Fukuda que há muito tempo vinham sendo tratados com medicamentos para labirintite obtiveram cura quando retiraram o açúcar da dieta.

| O açúcar, as cáries dentárias e a endocardite bacteriana

É de conhecimento geral que o consumo de açúcar pode provocar cáries dentárias; o que nem todos sabem é que elas podem apresentar complicações como câncer de boca, gengivites e periodontites. Essas, por sua vez, podem desencadear um processo infeccioso grave no coração chamado endocardite bacteriana.

| O açúcar e as crianças

Tudo o que foi escrito até agora não é exclusividade dos adultos. Infelizmente, as crianças também estão expostas aos efeitos nocivos do açúcar; são suas vítimas mirins.

É impressionante o bombardeio doce que se impõe, de todos os lados, sobre os pequenos. Pais, avós, tios, amigos, todos querem agradá-los com a oferta de um docinho. Infelizmente, essas pessoas não têm consciência ou não acreditam no potencial maléfico do açúcar para a saúde.

Por outro lado, a propaganda maciça de chocolates, sorvetes, refrigerantes, bolachas etc., veiculada livremente pelos meios de comunicação, desperta nas crianças o desejo, o hábito e a noção (equivocada) de que tais produtos são parte de uma alimentação normal. Isso sem contar as festas de aniversário infantis, que são verdadeiros atentados à racionalidade nutricional.

Um estudo publicado no *Pediatric Nursing* e baseado em literatura especializada menciona que o consumo de bebidas doces por crianças pode ocasionar ganho de peso, baixa ingestão de cálcio e baixa densidade óssea, entre outros problemas[17].

Outro estudo publicado no *Lancet* também associa o consumo de bebidas adoçadas à obesidade infantil[18].

Portanto, aos pais em geral, recomenda-se que estejam atentos para os danos potenciais que o excesso de açúcar pode causar na saúde dos filhos. Procurar informar-se sobre hábitos alimentares saudáveis para eles e para si próprios é uma boa iniciativa, afinal, na mesa ou fora dela, uma trajetória de sucesso pode iniciar-se com um bom exemplo.

| O açúcar e os adolescentes

A adolescência é outra etapa fundamental do desenvolvimento humano; nela ocorrem importantes alterações físicas e psicológicas.

O crescimento rápido, característico dos adolescentes, requer uma alimentação que satisfaça o gasto calórico próprio dessa fase. O fornecimento energético deve vir de uma dieta nutritiva.

Infelizmente, eles também são bombardeados com a oferta de produtos sem valor nutritivo. Como têm autonomia para escolher quando e o que comer, torna-se muito difícil controlar sua alimentação.

A maioria não tem muito critério quanto à qualidade e o horário das refeições. O refrigerante parece ser a bebida eleita para consumo diário, e as refeições principais, muitas vezes, restringem-se ao cachorro-quente ou ao hambúrguer com batatas fritas, ou seja, alimentos de baixo valor nutritivo. Isso sem contar as bebidas alcoólicas, cujo consumo tem se iniciado cada vez mais cedo.

Assim como na infância, o elevado consumo de açúcar na adolescência também pode estar relacionado à baixa ingestão de nutrientes e minerais (principalmente cálcio). E, como vimos, o consumo abusivo de bebidas adoçadas pode acarretar problemas no equilíbrio mineral e nos ossos[11], entre outros.

É importante lembrar que essa é a fase do **pico de massa óssea** (fase em que o indivíduo acumula quase 90% de toda massa óssea que terá para o resto da vida), então a ingestão de cálcio e outros nutrientes na adolescência torna-se imperativa!

É muito improvável que algum adolescente venha a considerar esse alerta, porém não custa tentar: essa é uma boa oportunidade para substituir o refrigerante pelo leite, cujo consumo melhora a densidade mineral dos ossos[20]. A saúde dos seus ossos agradece!

O açúcar, as mulheres e o diabetes gestacional

Açúcar em excesso é prejudicial a todos, porém vale a pena mencionar alguns efeitos peculiares observados nas mulheres: piora os sintomas da síndrome pré-menstrual e da menopausa, favorece o aparecimento de estrias, celulites e rugas, potencializa as crises de enxaqueca e está associado ao aparecimento de diabetes gestacional[7].

O bebê de uma mulher com diabetes gestacional pode nascer com tamanho acima do normal, o que acarreta problemas como: traumas durante o parto, asfixia com consequências neurológicas, fraturas, hematomas, hemorragias, baixos níveis de cálcio e magnésio[7].

A lista da doutora Appleton

Baseada em inúmeros trabalhos científicos, publicados em diversas revistas especializadas, a doutora Nancy Appleton, Ph.D., especialista em alimentação e nutrição e autora de vários livros, entre os quais *Lick the sugar habit* (algo como "Supere o hábito de comer açúcar"), *Suicide by sugar* ("Suicídio pelo açúcar", em tradução livre) e *Healthy Bones - what you should know about osteoporosis* ("Ossos saudáveis – o que você deve saber sobre osteoporose", também em tradução livre), elaborou, em parceria com G. N. Jacobs, uma lista (com mais de uma centena de itens) que relaciona as formas como o açúcar pode arruinar a saúde[21]. Vejamos alguns itens da lista da doutora Appleton & Jacobs:

1. Crianças que bebem refrigerantes, em geral, ingerem menos leite.
2. O açúcar pode deprimir o sistema imunológico.
3. Pode desequilibrar a relação entre os minerais no organismo.
4. Pode causar hiperatividade, ansiedade, dificuldade de concentração e distúrbios de humor em crianças.

5. Pode produzir um aumento significativo dos triglicerídeos.
6. Reduz as defesas orgânicas contra infecções bacterianas.
7. Causa perda da elasticidade e função dos tecidos — quanto mais açúcar você come, mais elasticidade e função você perde.
8. Reduz lipoproteínas de alta densidade (HDL).
9. Pode levar à deficiência de cromo.
10. Pode estar associado ao câncer de ovários.
11. Pode elevar rapidamente os níveis de glicose.
12. Causa deficiência de cobre.
13. Interfere na absorção de cálcio e magnésio.
14. Pode tornar os olhos mais vulneráveis à degeneração macular relacionada à idade.
15. Pode produzir acidez no trato digestivo.
16. Pode causar um rápido aumento nos níveis de adrenalina em crianças.
17. Pode causar envelhecimento precoce.
18. Pode causar deterioração dos dentes.
19. Pode levar à obesidade.
20. Aumenta o risco de doença de Crohn e colites ulcerativas.
21. Pode causar úlceras gástricas ou duodenais.
22. Pode causar artrite.
23. Pode causar distúrbios de aprendizado em crianças.
24. Contribui para a proliferação da *Candida albicans* — fungo responsável pela candidíase vaginal, entre outras infecções.
25. Pode causar cálculos biliares.
26. Pode causar doenças do coração.
27. Pode causar hemorroidas.
28. Pode causar varizes.
29. Pode levar a doenças periodontais.
30. Pode contribuir para a osteoporose.
31. Pode causar diminuição da sensibilidade à insulina.
32. Pode diminuir a quantidade de Vitamina E no sangue.
33. Pode reduzir o nível de hormônio do crescimento.
34. Pode aumentar o colesterol.
35. Aumenta as AGEs.
36. Pode interferir na absorção de proteínas.

37. Causa alergia alimentar.
38. Pode contribuir para o diabetes.
39. Pode contribuir para o eczema em crianças.
40. Pode causar doenças cardiovasculares.
41. Pode prejudicar a estrutura do DNA.
42. Pode alterar a estrutura das proteínas.
43. Pode causar rugas pela alteração da estrutura do colágeno.
44. Pode causar catarata.
45. Pode causar aterosclerose.
46. Pode aumentar as lipoproteínas de baixa densidade (LDL).
47. Reduz a capacidade de funcionamento das enzimas.
48. Seu consumo está associado ao desenvolvimento da doença de Parkinson.
49. Pode aumentar a quantidade de gordura no fígado.
50. Pode aumentar o tamanho e produzir alterações patológicas nos rins.
51. Pode danificar o pâncreas.
52. Pode aumentar a retenção líquida no organismo.
53. Causa constipação.
54. Pode tornar os tendões mais frágeis.
55. Pode causar dores de cabeça, inclusive enxaqueca.
56. Desempenha um papel no câncer de pâncreas em mulheres.
57. Aumenta o risco de câncer no estômago.
58. Pode aumentar o risco de desenvolver gota.
59. Pode contribuir para a doença de Alzheimer.
60. Pode causar adesividade plaquetária, o que contribui para a formação de coágulos sanguíneos.
61. Pode causar desequilíbrio hormonal; alguns hormônios tornam-se hipoativos e outros se tornam hiperativos.
62. Pode levar à formação de cálculos renais.
63. Pode produzir radicais livres e estresse oxidativo.
64. Pode levar ao câncer do trato biliar.
65. Aumenta a concentração de ácidos biliares nas fezes e de enzimas bacterianas no cólon, o que pode produzir compostos cancerígenos e câncer de cólon.
66. É uma substância que causa dependência.

67. Pode ser tóxico, como o álcool.
68. Pode agravar a SPM (Síndrome Pré-Menstrual).
69. Pode diminuir a estabilidade emocional.
70. Pode piorar os sintomas de crianças com déficit de atenção.
71. Pode induzir a morte celular.
72. Pode aumentar a quantidade de alimento que você ingere.
73. Pode levar ao câncer de próstata.
74. Desidrata os recém-nascidos.
75. Pode aumentar os níveis de homocisteína na corrente sanguínea.
76. Aumenta o risco de câncer de mama.
77. É um fator de risco para câncer do intestino delgado.
78. Pode aumentar o risco de câncer de estômago.
79. Pode causar câncer de reto.
80. Pode causar câncer no rim.
81. Pode causar câncer no fígado.
82. Desempenha um papel nas acnes.
83. Pode aumentar o ácido úrico no sangue.

Nota: A lista completa (com mais de 140 itens), bem como as referências nas quais ela foi baseada, encontram-se disponíveis no site da doutora Appleton: http://nancyappleton.com/141-reasons-sugar-ruins-your-health/ (em inglês).

Depois de tudo o que você leu, talvez esteja considerando a possibilidade de diminuir o consumo de açúcar. Se esse for o caso, vale repetir algumas sugestões de doces saudáveis e nutritivos.

Entre os itens naturais podemos citar as frutas frescas, as frutas secas, o suco de frutas, os legumes, o leite, o mel, as castanhas, as nozes, as amêndoas, o trigo, as batatas, a beterraba, o pepino, a lentilha, a soja, os feijões, o tomate etc.

Há iogurtes e sucos disponíveis na versão sem açúcar, porém é bem provável que você não consiga restringir sua ingestão de doces somente a esses itens. Nesse caso, você pode contar com opções como: biscoitos integrais, doces diversos, sorvetes, chocolates, todos na versão diet (sem adição de açúcares).

Outro item importante, também disponível na versão diet, é o pão integral sem adição de açúcar, que pode e deve ser consumido sem peso na consciência, principalmente se for livre de gorduras, elaborado com farinha 100% integral e multigrão.

É bom lembrar que sempre que se fala em alimentos sem adição de açúcar, muitas pessoas torcem o nariz pensando tratar-se de algo caro e pouco saboroso. Não é bem assim; atualmente, há incontáveis itens desse tipo no mercado, o sabor é agradável e o preço, acessível.

Portanto, quando sentir vontade de comer doce, não se penalize; há alternativas saborosas sem adição de açúcar.

| Outros tipos de açúcar

Você deve estar curioso para saber sobre outros tipos de açúcar (cristal, invertido, orgânico, demerara, mascavo). Na verdade, os efeitos desses açúcares na sobrecarga de insulina não diferem muito dos efeitos do açúcar refinado; portanto, também devem ser evitados. Além disso, a relação custo/benefício não compensa: sobrecarregam o pâncreas a troco de uma oferta quase nula de nutrientes.

| Adoce sem peso na consciência

Finalmente, se você é daqueles que fazem questão de adoçar a sua receita, não se desespere. Para isso existem opções como o mel, que é natural e nutritivo; o melado de cana conserva alguns nutrientes originais da planta. Ambos, obviamente, devem ser utilizados em pequenas quantidades. Os adoçantes naturais (como o stevita, por exemplo) são outra opção para aqueles que não abrem mão do gosto doce dos alimentos.

Atenção: Os portadores de diabetes devem observar as restrições impostas pela doença e seguir as orientações nutricionais próprias para diabéticos (ver Capítulo 5 – sobre diabetes).

Capítulo 17

Gordura e colesterol
Amigos ou inimigos?

Gordura e colesterol são palavras que assombram a vida de muita gente. Porém, tê-los como aliados ou inimigos depende muito de você!

Em primeiro lugar é preciso deixar claro que o nosso organismo precisa de gordura e de colesterol (na medida certa, é claro!).

A gordura é fundamental para a produção de hormônios, para o transporte e depósito das vitaminas A, D, E e K, para proteger as vísceras, para o isolamento térmico, além de ser uma reserva de energia.

O colesterol também é importante. Ele faz parte da estrutura das células, dos hormônios sexuais, da vitamina D e da bile.

Porém, quando os níveis de colesterol se elevam acima do normal, eles começam a entupir as artérias e aí é que está o grande perigo! Artérias entupidas representam um obstáculo para o sangue chegar a órgãos vitais (como o coração e o cérebro) e aumentam o risco de doenças cardiovasculares e até de morte.

Tipos de Colesterol

LDL: É um dos grandes inimigos da nossa saúde, o colesterol ruim. Quando em excesso, entope as artérias, aumentando o risco de doenças cardiovasculares.

HDL: É o amigo da nossa saúde, o colesterol bom. Ele combate o colesterol ruim e limpa nossas artérias, diminuindo o risco de doenças cardiovasculares.

Triglicérides: Em excesso, também são inimigos, porque entopem as artérias e prejudicam a ação do HDL. Também aumentam o risco de doenças do coração.

| Tipos de gorduras e seus efeitos no organismo

Sabemos que o organismo precisa de gordura; porém existem as boas e as ruins. É obvio que o organismo necessita das primeiras para um bom funcionamento.

1- Insaturada: É a gordura de origem vegetal. Está presente no abacate, nas nozes, nas castanhas, nas amêndoas, no amendoim, na avelã, no pistache, no azeite de oliva extravirgem, na azeitona, no óleo de canola e, também, nos peixes. Trata-se da gordura boa; dê preferência aos alimentos ricos nesse tipo de gordura. Elas favorecem a diminuição do colesterol ruim e dos triglicérides, combatem a aterosclerose e, portanto, protegem contra o infarto e o AVC (acidente vascular cerebral).

2- Saturada: É a gordura de origem animal. Está presente na carne vermelha, no leite e no iogurte integral, no queijo amarelo, no requeijão integral, na manteiga e nos embutidos. O excesso desse tipo de gordura pode trazer danos à saúde; portanto, modere a ingestão de alimentos ricos em gordura saturada. Em excesso, ela aumenta o colesterol ruim, favorece a oclusão de artérias, a hipertensão arterial, as doenças cardiovasculares, a formação de cálculos biliares (pedras na vesícula) e também está associada ao desenvolvimento de alguns tipos de câncer.

3- Trans (ou gordura vegetal hidrogenada): É a gordura obtida através da hidrogenação de óleos vegetais. Está presente em produtos industrializados como: bolos, tortas, sorvetes, chocolates, biscoitos, bolachas recheadas, biscoito de polvilho, pipoca de micro-ondas, salgadinhos, combinações promocionais das redes de *fast food* (combos) e margarinas. Procure evitar ao máximo os produtos que contenham esse tipo de gordura, considerada muito nociva para a saúde. Ela aumenta o colesterol ruim e diminui o colesterol bom e está associada à produção da gordura visceral (gordura que se acumula na região abdominal e é fator de risco para doenças do coração, hipertensão e diabetes). Também está associada à síndrome metabólica (alterações no metabolismo dos glicídios, obesidade, hipertensão e dislipidemia) e favorece a oclusão arterial, o que predispõe ao infarto e ao AVC.

| O colesterol e a genética

Embora os fatores genéticos possam estar envolvidos na questão dos níveis sanguíneos de colesterol e triglicérides, eles não são os únicos; alimentação, sono, obesidade, fumo, álcool, estresse e nível de atividade física também estão.

| O colesterol e as estatinas

Há vários remédios para reduzir o colesterol no sangue. Porém, são caros e causam efeitos colaterais. Entre eles, temos as estatinas.

| Como reduzir o colesterol sem custos financeiros

Se você deseja reduzir os níveis de colesterol sem custos financeiros, a natureza lhe oferece a receita gratuitamente. Vamos a ela.

Comece com uma alimentação correta: pão integral, iogurte e leite desnatados, queijo branco light, peito de peru light, arroz integral, legumes, verduras e frutas frescas, carnes brancas (grelhadas ou cozidas); modere a ingestão de ovos (e evite comer ovos fritos). Castanhas, nozes, amêndoas, abacate e azeite de oliva extravirgem são alguns dos alimentos recomendados para o controle do colesterol. Evite frituras, doces, massas elaboradas com farinha branca, carnes gordas, linguiça, salame, presunto, mortadela, pizza, salgadinhos de pacote, lanches do tipo *fast food* e produtos industrializados como: tortas, bolos, sorvetes, biscoitos recheados, refrigerantes e chocolates.

Durma bem (ver Capítulo 15 – sobre sono), perca peso (ver Capítulo 3 – sobre obesidade), fique longe do cigarro (ver Capítulo 19 – sobre fumo), modere a ingestão de bebidas alcoólicas (ver Capítulo 18 – sobre álcool), mantenha o estresse sob controle (ver Capítulo 8 – sobre estresse) e, principalmente, faça exercícios físicos!

Exercícios *versus* colesterol

O controle do colesterol é feito por enzimas que têm nomes meio complicados e, por isso mesmo, nem serão citados. O que você precisa saber é que tanto os exercícios quanto a perda de peso podem interferir no perfil enzimático, facilitando o controle do colesterol.

Os exercícios aeróbicos (corrida, natação, dança, ciclismo) são poderosos soldados contra o colesterol ruim e ótimos aliados do colesterol bom. Entretanto, o levantamento de peso também é capaz de combater o LDL. Os efeitos dos exercícios aeróbicos são mais rápidos do que os do levantamento de peso, mas ambos são eficazes. O que importa mesmo é se exercitar, pois o sedentarismo favorece o aumento do colesterol ruim.

Considerações finais

Como você pode ver, gordura e colesterol podem ser seus amigos ao invés de inimigos. Salvo os fatores genéticos, quem determina se eles serão seus aliados ou não é você, por meio de suas escolhas alimentares, sono, estresse, fumo, álcool e exercícios. Seguir a receita da natureza parece difícil, mas não é nada perto do risco de doenças e morte representados pelo aumento do colesterol. Segui-la pode ser o diferencial entre desenvolver ou não hipertensão, infarto, AVC, morte precoce.

Capítulo 18

Álcool

Beber com moderação:
uma atitude sem comparação!

Alguns indivíduos são capazes de controlar a ingestão de álcool, outros, infelizmente, não. Agora, o leitor verá o exemplo de um ex-alcoólatra que sofreu demais, mas conseguiu superar essa doença.

Um exemplo de superação

Ringo Starr foi o baterista da banda musical mais famosa e mais importante de todos os tempos: The Beatles.

Nasceu em 7 de julho de 1940 em um bairro pobre de Liverpool, Inglaterra, e teve uma infância dura. Sofreu com dificuldades financeiras e inúmeros problemas de saúde que exigiram várias internações em hospitais, o que prejudicou seu rendimento escolar.

Aos dezesseis anos, ganhou uma bateria e começou a tocar para divertir-se. Três anos depois, ele se tornaria o baterista de uma importante banda inglesa da época.

Em 1962, passou a tocar com os Beatles. Casou-se com Maureen Cox em 1965 e teve três filhos.

Desde cedo, Ringo envolveu-se com o álcool e essa foi uma das razões da sua separação de Maureen, em 1975.

Em virtude dos inúmeros e graves problemas que teve em decorrência do álcool, em 1983 ele e Barbara Bach, sua segunda esposa que também teve problemas com o álcool, internaram-se numa clínica de reabilitação para alcoólatras.

Atualmente, Ringo está livre do álcool, feliz e bem-sucedido com sua banda. Em 2008, comemorou seu 68º aniversário diante do Hard Rock Hotel, em Chicago, nos Estados Unidos, ao lado da esposa e de centenas de fãs, aos quais distribuiu bolinhos e acenou com o sinal de paz e amor.

Em 13 de novembro de 2011, tive o privilégio de estar presente a um show desse garoto de 71 anos. Ringo brindou seus fãs com um maravilhoso show de rock. Cantou, dançou, tocou bateria, fez exercícios de polichinelo (detalhe: no fim do espetáculo) e mostrou que o dono da voz que imortalizou canções como "Yellow Submarine" e "With a Little Help From my Friends" continua vivíssimo e disposto a encantar a sua plateia.

Um final feliz para quem, com coragem e determinação, enfrentou um poderoso inimigo chamado álcool.

| Estatística e recomendações

Aproximadamente 95% dos brasileiros adultos bebem.

Não há problemas em ingerir pequenas doses de bebida alcoólica esporadicamente; de modo geral, o nosso organismo está preparado para livrar-se delas, sem consequências graves[2].

O problema começa quando se bebe com frequência e sem moderação. Para se ter noção do que é beber moderadamente, podemos recorrer ao que determina o Ministério da Saúde: "[...] menos de dois drinques por dia para homens e menos de um para mulheres. Mulheres grávidas, crianças e adolescentes não devem ingerir bebida alcoólica"[3].

Nota: A OMS recomenda que todas as pessoas, homens ou mulheres, abstenham-se do álcool ao menos duas vezes por semana. **Mas atenção**: nem sempre as pessoas conseguem seguir tais recomendações; primeiro, porque um único drinque pode conter 15 gramas de álcool (o ideal seria de 8 a 13 gramas). Segundo, porque o álcool é uma droga prazerosa, o que induz à repetição da ingestão e, consequentemente, à dependência.

| Absorção

A maior parte da absorção do álcool é feita pelo intestino delgado e, em geral, ele chega rapidamente à corrente sanguínea. Porém, fatores como quantidade, concentração, tipo e temperatura da bebida, presença e quantidade de alimento no estômago, tempo de ingestão da bebida e massa corporal podem retardar ou acelerar a absorção. Sendo altamente solúvel em água, ele logo atinge todos os fluidos do corpo e ultrapassa sem dificuldades a barreira hematoencefálica, uma barreira protetora existente entre o sangue e o cérebro. Com tamanho poder de diluição, atinge facilmente muitos órgãos importantes do corpo.

| Metabolismo

O órgão responsável por metabolizar o álcool é o fígado.

O fígado de um indivíduo adulto de 70 kg, por exemplo, tem capacidade para metabolizar, aproximadamente, 10 gramas de álcool por hora[4]. A quantidade de álcool que for ingerida além dessa medida permanecerá na corrente sanguínea, intoxicando os outros órgãos, até que todo o álcool seja processado e eliminado, o que pode demorar horas.

| Funções do fígado

É impossível falar sobre os efeitos do álcool no organismo sem saber um pouco sobre as funções do fígado. Vejamos algumas delas.

- » Funções vasculares: armazenamento e filtração do sangue.
- » Secreção de bile: auxilia na digestão de alimentos gordurosos.
- » Metabolismo dos carboidratos: armazenamento do glicogênio (uma espécie de depósito de carboidrato) e gliconeogênese (formação de carboidratos a partir de proteínas e gordura).
- » Metabolismo de gorduras (formação de lipoproteínas, formação do colesterol, conversão de carboidratos e proteínas em gordura).

» Metabolismo de proteínas (formação de proteínas do plasma).
» Armazenamento de vitaminas (A, D, B12).
» Fabricação de fatores de coagulação do sangue.
» Desintoxicação por medicamentos e hormônios[5].

Como você pode observar, o fígado tem várias funções; ele não foi projetado única e exclusivamente para metabolizar o álcool.

De todas as funções do fígado, vale destacar a capacidade de transformar o glicogênio em glicose, como alternativa de energia, em situações de hipoglicemia (falta de glicose no sangue). Achou complicado? Vamos à explicação.

Nosso organismo tem um mecanismo de defesa contra a hipoglicemia: é a conversão do glicogênio do fígado em glicose. Quando, por alguma razão, o organismo sofre uma hipoglicemia, o fígado convoca o glicogênio, transforma-o em glicose e a coloca na circulação para compensar a hipoglicemia[5].

| O álcool e a hipoglicemia

É muito provável que o leitor já tenha ouvido a seguinte história: "fulano de tal bebeu demais e foi parar no hospital para tomar injeção de glicose".

Pois é, uma das implicações relevantes da bebedeira é que, se um indivíduo sob o efeito do álcool sofrer uma hipoglicemia, ele fica sem esse mecanismo de defesa, por uma simples razão: enquanto o fígado não metabolizar todo o álcool presente na circulação, as demais funções permanecem interrompidas, inclusive a que transforma o glicogênio em glicose. Esse indivíduo, então, poderá desenvolver hipoglicemia, necessitando de uma injeção de glicose exógena para normalizar seu nível glicêmico.

| Álcool e desidratação

Outro efeito do álcool no organismo é a inibição do ADH (hormônio antidiurético). Tal hormônio tem como função minimizar a perda de água através da urina. Uma vez que o álcool inibe sua produção, a perda de água persiste, o que favorece a desidratação.

Efeitos agudos do álcool sobre o Sistema Nervoso Central (SNC)

Como o álcool não encontra dificuldade em ultrapassar a barreira hematoencefálica, chega ao SNC sem obstáculos e começa a produzir alguns efeitos, cuja intensidade depende da dose ingerida.

Inicialmente, com doses baixas, os efeitos podem ser estimulantes como euforia e desinibição. Porém, à medida que a concentração alcoólica no sangue se eleva, ocorrem efeitos depressores no SNC e o indivíduo pode apresentar sinais como: prejuízo da fala, dificuldade de equilíbrio e de coordenação motora, prejuízo da capacidade cognitiva, diplopia (visão dupla), percepção distorcida e pensamento desconexo.

Nota: Um aumento contínuo da concentração de álcool na corrente sanguínea pode acarretar: diminuição da frequência cardíaca, hipotensão arterial, depressão respiratória e vômitos. Em alguns casos, concentrações alcoólicas acima de 300 mg/dl podem causar coma e acima de 500 mg/dl podem causar morte.

Efeitos crônicos do álcool sobre o Sistema Nervoso Central

Do ponto de vista morfológico, há evidências de que o uso abusivo de bebidas alcoólicas acentua a diminuição do volume cerebral relacionado à idade. Um estudo publicado no *Archives of Neurology* revelou que quanto mais álcool se consome, menor é o volume total do cérebro[8]. Outro estudo publicado no *Progress in Neurobiology,* revelou que danos cerebrais importantes ocorrem como resultado do uso abusivo do álcool[9].

Os alcoólatras também podem apresentar dificuldade na resolução de problemas, déficit de memória e psicomotor e comprometimento do raciocínio e da lógica.

A Síndrome de Wernicke-Korsakoff (SWK) pode ocorrer em alguns alcoólatras crônicos; além do déficit de memória, os indivíduos com SWK podem apresentar falta de coordenação motora, estrabismo, nistagmo (mobilidade ocular anormal) e confusão mental. Trata-se de uma síndrome grave e necessita de tratamento imediato com vitamina B1 (tiamina). O alcoolismo crônico também pode causar demência; é a chamada Síndrome Demencial Alcoólica.

| Efeitos do álcool sobre o fígado

Agudos

Hipoglicemia (já descrita no item sobre álcool e hipoglicemia)

Crônicos

Esteatose hepática: O uso crônico de bebidas alcoólicas frequentemente provoca algumas doenças no fígado. Em geral, o processo patológico inicia-se com a esteatose hepática, também conhecida como fígado gorduroso, por caracterizar-se pela presença de gordura dentro das células do fígado. Esse quadro pode ser silencioso (assintomático), mas também pode causar náuseas, falta de apetite, mal-estar, aumento do tamanho e da sensibilidade do fígado e distensão abdominal.

Hepatite alcoólica: Caso a ingestão alcoólica persista, o processo patológico continua e evolui para a hepatite alcoólica. Nesse caso, as células do fígado sofrem necrose e o quadro pode evoluir para insuficiência hepática ou cirrose.

Cirrose hepática: É o próximo estágio patológico do fígado pelo qual passam alguns alcoólatras crônicos. Caracteriza-se pela presença de fibrose no fígado, o qual apresenta tamanho reduzido. Nessa fase, os sintomas iniciais são: fraqueza, mal-estar e falta de apetite, podendo evoluir para icterícia (coloração amarelada da pele) e presença de líquido no abdome (ascite). Se o consumo de álcool não for interrompido e não houver adoção de uma alimentação apropriada, a tendência é desenvolver insuficiência hepática com a instalação de hipertensão portal (veia porta e filiais, que leva o sangue desde o intestino ao fígado) e suas implicações: hemorroidas, ascite, aumento do baço, circulação colateral no abdome e varizes esofágicas com possíveis sangramentos fatais.

Efeitos do álcool sobre o pâncreas

O indivíduo pode desenvolver pancreatite aguda e crônica, com risco de evoluir para insuficiência pancreática e diabetes *mellitus*.

Efeitos do álcool sobre o aparelho digestivo

Boca: o excesso de álcool aumenta a probabilidade de desenvolvimento de câncer.

Esôfago: o álcool costuma causar inflamação (esofagite) e também aumenta a probabilidade da ocorrência de câncer. Sangramentos de varizes esofágicas também podem ocorrer e ser fatais.

Estômago e intestino: gastrites e úlceras.

Efeitos do álcool sobre o aparelho circulatório

Inflamação do miocárdio, hipertensão arterial, arritmias, tromboses e derrames em geral.

Efeitos do álcool sobre o sangue

O álcool interfere na quantidade de glóbulos brancos, vermelhos e plaquetas. Assim, o alcoólatra apresenta baixa resistência imunológica, o que o torna mais suscetível a infecções. Sangramentos e anemias não são raros em alcoólatras, em virtude da diminuição de plaquetas e de glóbulos vermelhos, respectivamente. A carência de ácido fólico, que acompanha o quadro de desnutrição, explica a anemia presente na maioria desses indivíduos.

| Álcool e câncer

A probabilidade de um etilista crônico desenvolver câncer é dez vezes maior que a de um indivíduo que não ingere álcool. Câncer de boca e esôfago são os mais comuns entre alcoólatras, porém o álcool também parece estar associado ao câncer de fígado e reto.

Nas mulheres, o abuso do álcool parece estar relacionado ao aumento do risco de câncer de mama[3].

| Álcool e desnutrição

O álcool é um composto extremamente calórico; cada grama é capaz de fornecer 7,1 kcal. O problema é que tais calorias são vazias, ou seja, completamente desprovidas de valor nutritivo.

Habituado ao consumo constante de calorias vazias, o organismo do alcoólatra não experimenta a sensação de fome, pois reconhece essas calorias como suficientes para sua sobrevivência. Dessa forma, o alcoólatra praticamente não sente fome e não se alimenta. A desnutrição ocorre pela falta de ingestão de nutrientes essenciais como carboidratos, proteínas, gorduras, vitaminas e minerais.

| Álcool e genética

Embora os fatores genéticos estejam comprovadamente envolvidos na determinação do risco para o alcoolismo, eles não são os únicos responsáveis pelo desenvolvimento da doença. A importância dos fatores ambientais certamente não pode ser ignorada.

| O álcool e a função sexual

No homem, o álcool pode causar alteração no nível de testosterona, o hormônio sexual masculino, podendo acarretar disfunção sexual (diminuição da libido, impotência e infertilidade). Muitos homens alcoólatras apresentam ginecomastia (crescimento das mamas).

A mulher apresenta maior sensibilidade aos efeitos do álcool que o homem, em todos os aspectos.

No organismo feminino, o álcool também pode causar distúrbios hormonais, menstruais e infertilidade.

| O álcool e o feto

Bebês de mães alcoólatras podem nascer com a Síndrome de Abstinência Fetal (SAF), que se caracteriza por: peso abaixo do normal, retardo no crescimento, distúrbios neurológicos, alterações no esqueleto, anormalidades nas pálpebras e lábio superior, retardo mental, hiperatividade, déficit de atenção, memória e aprendizado, falta de coordenação motora, prejuízo da audição e da fala.

| Alterações comportamentais relacionadas ao álcool

O indivíduo viciado em álcool pode apresentar alterações comportamentais que, em geral, ocasionam prejuízos em vários aspectos da vida. Vejamos alguns deles:

Problemas familiares ou conjugais, incluindo violência doméstica e separação, podem decorrer do uso abusivo do álcool.

Problemas profissionais: falta de interesse, dificuldade de atenção e de concentração, atrasos, faltas no trabalho e perda do emprego também não são incomuns em alcoólatras.

Na esfera pessoal e social o álcool está associado a descontroles emocionais, ações violentas, como brigas e homicídios, exposição a riscos sexuais, tendências suicidas[15]. E o pior é que o álcool coloca em risco a vida do próprio usuário e das pessoas que cruzam o seu caminho; o exemplo mais emblemático vem dos acidentes de trânsito: dados da Secretaria dos Transportes do Estado de São Paulo revelam que 75% dos acidentes com morte nas rodovias brasileiras têm como causa o consumo excessivo de bebidas alcoólicas pelos motoristas.

Álcool e exercícios físicos

Já foi mencionado que a presença de álcool no organismo é capaz de provocar hipoglicemia e desidratação.

Qualquer atleta, seja ele amador ou profissional, sabe que um bom desempenho físico depende da presença de glicose (o combustível das células) e de uma boa hidratação. Tendo em vista que o álcool interfere em ambas, é fácil concluir que álcool e exercícios são incompatíveis.

Com a palavra o doutor Turíbio Leite de Barros Neto, coordenador do Centro de Medicina da Atividade Física e do Esporte da Universidade Federal de São Paulo, mestre e doutor em fisiologia do exercício, membro da *American College of Sports Medicine*, pesquisador em ciência da atividade física e autor de livros sobre exercícios: "Nem cerveja nem qualquer outra bebida alcoólica. Quando se trata de melhorar o desempenho, o álcool não é um aliado do atleta, não tendo seu consumo nenhuma repercussão positiva no rendimento. Nesse caso, considero o hábito de beber prejudicial e não o recomendo nem mesmo em pequenas doses"[17].

Para os que realmente fazem questão de beber, a recomendação é que pelo menos não o faça nas 48 horas que antecedem a atividade física, além, é claro, de não descuidar da hidratação nesse período[4].

O vinho tinto

O vinho tinto contém flavonoides e resveratrol, substâncias benéficas para o organismo.

Os flavonoides têm propriedades antioxidantes, anti-inflamatórias, anti-hemorrágicas e antialérgicas, favorecem a absorção da vitamina C e melhoram a resistência vascular. Ajudam a prevenir o câncer e as doenças cardiovasculares. Podem ser encontrados em frutas, vegetais, chás e vinhos.

O resveratrol tem papel importante no combate ao colesterol ruim (LDL), ao mesmo tempo que promove um aumento do colesterol bom (HDL). Além disso, tem propriedades anti-inflamatórias, antioxidantes e anticoagulantes, minimiza os sintomas pós-menopausa, protege contra tumores e vírus e também protege os neurônios. Pode ser encontrado na uva, na amora, no amendoim e nos vinhos.

Mas atenção, estamos falando do vinho tinto! Ele tem flavonoides e resveratrol, mas também tem álcool etílico em sua composição. Portanto, aqui também vale a recomendação de beber com moderação, caso contrário, não há flavonoides ou resveratrol que o livrem da cirrose hepática ou dos demais efeitos indesejáveis do álcool.

"O vinho, bebido em demasia, é a aflição da alma. A embriaguez inspira a ousadia e faz pecar o insensato; abafa as forças e causa feridas." Eclesiástico 31, 39-40.

| Considerações finais

Embora muitos alcoólatras insistam em negar, o alcoolismo é uma doença com elementos como compulsão e dependência da droga, sem a qual instala-se um quadro de abstinência.

Mais uma vez, é preciso mencionar que a prevenção é o melhor remédio; ficar longe do álcool ou beber com moderação é o que recomenda a cartilha do bom-senso. Agindo assim, o indivíduo evita problemas para si próprio e para todos aqueles que o cercam, além de livrar-se das doenças provocadas pelo álcool.

Do mesmo modo que em outras doenças, uma vez que ela esteja instalada, há algumas alternativas de tratamento.

O primeiro passo para um tratamento bem-sucedido é o indivíduo aceitar a sua condição de dependente e concordar em tratar-se, pois a esmagadora maioria dos alcoólatras nega a dependência e abomina o rótulo de doente.

O segundo passo é a desintoxicação: ela visa controlar os sintomas decorrentes da abstinência; convém que seja conduzida por profissional da área médica.

O terceiro passo é a reabilitação: entende-se que o alcoólatra está inserido numa esfera social e necessita do apoio da família e dos amigos, para ajudá-lo a manter-se longe do álcool. Não oferecer bebidas alcoólicas e incentivá-lo a participar de programas de reabilitação como o dos Alcoólicos Anônimos (AA) são ações de grande valor para uma recuperação adequada e bem-sucedida.

A adesão a tais recomendações não elimina a possibilidade de recaída, mas aumenta as chances de sucesso.

Capítulo 19

Como superar o tabagismo

O TABAGISMO É FÁCIL DE ADERIR, mas difícil de largar. Difícil, mas não impossível. Vamos a um exemplo bem-sucedido de um ex-fumante.

O doutor superação

O doutor Drauzio Varella é um famoso médico brasileiro. Formado pela Faculdade de Medicina da Universidade de São Paulo, atualmente atua como oncologista, embora já tenha atuado nas áreas de moléstias infecciosas, imunologia e no tratamento de pacientes com aids.

Autor de vários livros, entre eles: *Estação Carandiru* (que veio a se tornar um filme de sucesso), *Borboletas da alma – escritos sobre ciência e saúde*, *Por um fio* e *O médico doente*, atualmente divide seu tempo entre atividades como pesquisas, palestras e prática clínica. Porém, mesmo cercado de atribuições e dispondo de pouco tempo livre, o doutor Drauzio encontra tempo para outra atividade: a prática desportiva.

Praticante de corridas de longa distância, esse ex-fumante (fumou até os 36 anos e está sem fumar desde então) treina duas a três vezes por semana e já correu a maratona de Nova York nada menos que onze vezes. Três horas e trinta e oito minutos foi seu melhor tempo nessa prova de

42 km e 195 m. Além dessa, também correu a maratona de Blumenau e completou o percurso da corrida de São Silvestre duas vezes[1].

O doutor Drauzio Varella, portanto, é um vencedor como médico, como escritor, como pessoa, como atleta e, na corrida contra o vício, disparou na frente e deixou o cigarro comendo poeira.

| O fumo e suas mortes no Brasil e no mundo

Aproximadamente 16% dos brasileiros fumam.

No mundo, estima-se que o número de fumantes esteja entre 1 e 2 bilhões; o restante da população mundial que não fuma respira a fumaça que exala dos cigarros dos fumantes.

No Brasil, cerca de 200 mil pessoas morrem por ano vítimas do cigarro. No mundo, esse número salta para 5 milhões.

| Uma doença infantil

Como na esmagadora maioria dos casos a adição ao fumo inicia-se na adolescência, considera-se o tabagismo uma doença infantil. Trata-se de um problema que merece atenção especial por parte dos pais, professores e autoridades governamentais, considerando-se o número elevado de doenças e mortes causadas por ele.

Curiosidade, brincadeira, ingenuidade, insegurança, necessidade de autoafirmação ou de ser aceito pelo grupo são razões que podem estar na origem do aumento da adesão ao cigarro nessa faixa etária. O pior é que quanto mais jovem for o fumante, mais deletérios são os efeitos do cigarro. Quer um exemplo? Se um adolescente começa a fumar aos catorze anos de idade, ele correrá quatro vezes mais risco de morrer por câncer de pulmão em comparação a um indivíduo que começou a fumar dez anos depois. Além disso, os fumantes mirins têm maior probabilidade de se envolver com álcool, maconha, brigas e de se expor a riscos sexuais.

Mas os adolescentes têm características no mínimo curiosas: eles acreditam estar imunes a qualquer tipo de mal, assim como acreditam que têm controle sobre os vícios. Por essa razão, muitas vezes praticam sexo desprotegidos e aderem a vícios com maior facilidade. O que realmente os preocupa é a estética, não a possível ocorrência de doenças ou dependência.

Assim, a abordagem ideal seria profilática, focada nas características específicas dessa faixa etária. Aumentar o preço do cigarro e proibir a venda a menores de idade são algumas ações que poderiam diminuir o seu consumo, pois de nada adianta falar do câncer ou outras doenças para eles.

| O fumo e o câncer

Um estudo publicado no *British Medical Bulletin* revela alguns tipos de câncer que podem decorrer do fumo. São eles:

Câncer de pulmão, de vias aéreas superiores, de bexiga, de pâncreas, de esôfago, de estômago, de rim e leucemia[5]. Além desses, câncer de boca, de lábios, de língua, de faringe, de laringe, de colo do útero e de fígado também podem decorrer do tabagismo.

O fumo e as outras doenças

Esse mesmo estudo menciona outras doenças que também podem ser causadas pelo tabagismo. Algumas delas encontram-se na lista que se segue.

Angina, asma, aterosclerose, aneurisma da aorta, bronquite, catarata, coronariopatias e outras doenças vasculares, degeneração macular relacionada à idade, derrame cerebral, disfunção erétil, doenças dentárias, doenças de pele, enfisema pulmonar, faringite, gastrite, infarto, laringite, menopausa precoce, pneumonia, ptose palpebral (pálpebras caídas), úlcera gástrica, úlcera duodenal, doenças reprodutivas, infertilidade (feminina e masculina), alterações do ciclo menstrual, alterações do sêmen, alterações hormonais, envelhecimento precoce, distúrbios de cicatrização, distúrbios de coagulação, dificuldade de recuperação pós-cirúrgica, diminuição da resistência imunológica, hipertensão arterial, aumento da frequência cardíaca, aumento do colesterol, trombose, embolia, alterações do apetite, tremores, DPOC (doença pulmonar obstrutiva crônica), IVAS (infecções das vias aéreas superiores), osteoporose, celulite, tromboangeíte obliterante, arritmia cardíaca, degeneração de neurônios e morte súbita.

| A composição do cigarro e seus efeitos

Vamos saber um pouco sobre a composição do cigarro e seus efeitos no organismo.

Se você acender um cigarro e tragar a fumaça, ou mesmo se você só estiver exposto à fumaça do cigarro alheio, várias substâncias entrarão em seu organismo. Entre elas: nicotina, alcatrão, monóxido de carbono, amônia (geralmente usada em desinfetantes), formol, níquel, arsênico, metais pesados (chumbo, cádmio), benzeno (solvente), cetona, agrotóxicos e naftalina. Polônio 210 e carbono 14, entre outras substâncias radioativas. São mais de 4 mil substâncias tóxicas; entre elas, muitas com propriedades comprovadamente cancerígenas.

De todas essas substâncias, vamos detalhar os efeitos de apenas três: nicotina, alcatrão e monóxido de carbono.

Nicotina: Os efeitos da nicotina são perversos, tanto que a OMS já a classificou como droga. Ela atinge o sistema nervoso central rapidamente, interferindo na liberação de hormônios, entre eles a adrenalina, cuja ação repercute em todo o organismo. Também é responsável pela dependência e pela sensação de prazer.

A liberação de adrenalina na corrente sanguínea provoca estreitamento dos vasos sanguíneos, aumento da frequência cardíaca, aumento da pressão arterial e aumento dos ácidos graxos, potencializando a ação do colesterol no processo de aterosclerose.

A nicotina também interfere no mecanismo de coagulação do sangue, aumentando a capacidade de formar coágulos.

Alcatrão: É rico em substâncias químicas capazes de provocar câncer. Então, quando alguém traga ou respira a fumaça do cigarro, essas substâncias passam pelas vias respiratórias, atingindo também parte das vias digestivas. Nesse percurso, a fumaça do cigarro causa irritação em ambas as vias, estimulando a formação de células anormais. A velocidade e a quantidade de formação dessas células ultrapassa a capacidade de neutralização, eliminação ou destruição pelo sistema imunológico. Com estímulo irritativo crônico e resposta imunológica insuficiente, essas células encontram as condições ideais para desenvolver-se. Esse processo pode dar origem a inflamações e a vários tipos de câncer em fumantes.

Monóxido de carbono: Sabe aquela fumaça que é eliminada pelo escapamento dos ônibus e caminhões? É o monóxido de carbono (CO), a mesmíssima substância da fumaça do cigarro. Esse gás é capaz de piorar consideravelmente a qualidade do sangue do fumante, pois tem alta afinidade com a hemoglobina (responsável pelo transporte de oxigênio aos órgãos). Quando entram em contato, CO e hemoglobina formam um composto chamado carboxihemoglobina. Como o CO tem uma ligação mais forte com a hemoglobina que o oxigênio, a oxigenação dos órgãos fica prejudicada.

Agora que você já sabe como essas três substâncias agem no organismo, fica mais fácil entender os mecanismos através dos quais as doenças se desenvolvem nos diversos órgãos e sistemas.

| Alguns efeitos do fumo no organismo

Aparelho cardiovascular: O fumo sobrecarrega duplamente o coração. Primeiro porque a nicotina libera adrenalina, que provoca estreitamento dos vasos sanguíneos, aumento da pressão arterial, aumento da frequência cardíaca, aumento do colesterol, além de potencializar a formação de coágulos. Por si só, esses elementos já sobrecarregam o coração.

Em contrapartida, o monóxido de carbono prejudica a oxigenação dos órgãos.

A associação entre a sobrecarga do coração e a baixa oxigenação aumenta o risco de isquemia, trombose, aterosclerose, insuficiência vascular periférica, acidente vascular cerebral (AVC) e infarto, entre outras doenças.

Aparelho respiratório: A fumaça do cigarro passa pela laringe, causando irritação e laringite. Quando a irritação é crônica, pode estimular a produção de células anormais, culminando no desenvolvimento de câncer.

O mesmo fator irritativo afeta os brônquios, que podem desenvolver bronquite. O contato com a fumaça do cigarro também destrói os alvéolos pulmonares, podendo causar enfisema pulmonar, uma doença irreversível na qual a capacidade respiratória é muito limitada.

O câncer de pulmão é uma consequência lógica do tabagismo crônico. Nada menos que 90% dos casos de câncer de pulmão têm origem no tabagismo.

Outros problemas respiratórios decorrentes do fumo incluem: tosse, falta de ar, chiado no peito, crise de asma, IVAS, DPOC e câncer de traqueia.

Aparelho digestivo: Some-se a temperatura do cigarro aos seus efeitos cancerígenos e temos como resultado um provável câncer de boca em tabagistas crônicos. Esses elementos provocam lesões na mucosa oral que favorecem o desenvolvimento de células cancerosas.

A partir da boca, a fumaça segue seu percurso rumo ao esôfago e ao estômago, através da faringe (esta também exposta aos mesmos riscos). Ambos, esôfago e estômago, são vulneráveis ao desenvolvimento de câncer por mecanismos semelhantes aos já descritos.

Da mesma forma, lábios e língua sofrem os efeitos tóxicos do fumo e também estão expostos ao risco de câncer.

Aparelho gênito-urinário: A obstrução das artérias responsáveis pela irrigação da genitália, somada ao estreitamento dos vasos responsáveis pela ereção prejudicam duplamente a circulação genital masculina e feminina. O resultado é a diminuição do aporte sanguíneo para esses órgãos, podendo ocasionar impotência sexual, entre outras disfunções.

Tanto a bexiga quanto os rins estão sujeitos à toxicidade dos produtos nocivos do cigarro, pois tudo que você inala ou ingere é filtrado pelos rins e eliminado pela urina (cujo reservatório é a bexiga). Expostos aos produtos tóxicos do fumo, esses órgãos correm maior risco de desenvolver câncer.

Fertilidade: O fumo pode alterar os níveis de hormônios sexuais femininos e masculinos, potencializando o risco de infertilidade em ambos os sexos.

Nas mulheres, além de infertilidade o fumo pode causar câncer de colo do útero, menopausa precoce e alterações menstruais[14].

A razão da maior probabilidade de ocorrência de menopausa precoce em fumantes é porque os ovários necessitam de grande quantidade de sangue para um bom funcionamento. Em fumantes, contudo, a irrigação dos ovários fica alterada, o que diminui a produção de hormônios.

No homem fumante, a qualidade do sêmen fica prejudicada. Esse prejuízo reflete-se na concentração, mobilidade, forma, função e DNA dos espermatozoides, o que também potencializa o risco de infertilidade.

Pele: O envelhecimento precoce é outra consequência do tabagismo crônico.

O processo de envelhecimento envolve alguns fatores: o primeiro é a perda do colágeno e da elastina que conferem sustentação e elasticidade à pele. A nicotina destrói esses elementos, favorecendo a flacidez e o aparecimento de rugas precoces.

O segundo está relacionado ao estreitamento de pequenos vasos sanguíneos, o que limita a chegada de oxigênio e nutrientes à pele. Isso se traduz em perda do viço e aparência envelhecida[19].

O processo de cicatrização na fase pós-operatória também pode ser prejudicado pela nicotina, aumentando o risco de necrose, gangrena e outras complicações.

Olhos: Como já foi visto no Capítulo 13, DMRI (degeneração macular relacionada à idade) e catarata são doenças oculares com maior incidência entre os fumantes.

Além dessas, o tabagismo também pode estar relacionado à ptose (pálpebras caídas) e uma doença ocular chamada oftalmopatia de Graves[20].

Genes: Uma pesquisa feita por cientistas do *British Columbia Cancer Research Centre*, no Canadá, e publicada no periódico *BMC Genomics* revelou que os níveis de expressão de alguns genes associados ao fumo retornam, após a cessação do tabagismo, em níveis semelhantes aos dos que nunca fumaram. Porém, a expressão de outros genes parece ficar permanentemente alterada, apesar da interrupção prolongada do fumo. Essas alterações irreversíveis podem ser responsáveis pelo risco persistente de câncer de pulmão apesar da interrupção do vício[21]. Ou seja, mesmo quem já parou de fumar há muito tempo ainda corre risco de desenvolver câncer de pulmão.

| O cigarro e as mulheres

Tudo o que foi escrito até agora aplica-se a homens e mulheres, porém o organismo feminino é mais suscetível aos efeitos do cigarro; nelas, os efeitos são mais rápidos e mais intensos. Entre eles, vale destacar o prejuízo na produção de estrógeno e suas possíveis consequências: osteoporose, menopausa precoce e doenças cardiovasculares.

| Gravidez e tabagismo

A associação entre tabagismo e gravidez oferece riscos para a mãe e para o feto.

Na mãe, há maior risco de aborto espontâneo, complicações placentárias, hemorragias e parto prematuro[14].

O feto, por sua vez, recebe todas as substâncias do fumo através da placenta. Vejamos algumas complicações fetais:

» Diminuição do aporte sanguíneo: É através do sangue que o feto recebe os nutrientes necessários para um bom desenvolvimento do organismo. Como recebe menos sangue e, portanto, menos nutrientes, o feto de mãe fumante tende a se desenvolver menos e a nascer com baixo peso e baixa estatura.
» Deficiência no transporte de oxigênio: O oxigênio também é um elemento importante no desenvolvimento fetal. Porém, sua privação tem efeito particularmente nocivo para o sistema nervoso central (SNC). Os neurônios são muito vulneráveis à falta de oxigênio e podem morrer na sua ausência. Portanto, a redução do aporte de oxigênio pode causar danos neurológicos.
» A nicotina também aumenta a frequência cardíaca fetal, entre outros efeitos nocivos.

| Considerações sobre fumo e o uso concomitante de anticoncepcionais orais

Muitas pessoas não sabem que quando uma mulher fuma e toma anticoncepcional, se expõe ao risco de desenvolver inúmeras doenças, entre elas trombose e infarto. Tais riscos, embora sempre presentes, são maiores a partir dos 35 anos de idade. A morte é outra ocorrência à qual as fumantes estão expostas. Vamos entender por quê.

Alguns anticoncepcionais contêm hormônios que podem alterar o processo de coagulação, favorecendo a formação de trombos que podem prejudicar a circulação.

Esse prejuízo pode ocorrer por bloqueio local da circulação (causando infarto ou trombose, por exemplo), mas também por migração do trombo para outra região (pulmão, por exemplo), causando embolia pulmonar.

> **Nota:** Embolia pulmonar é uma doença grave, que pode levar à morte.

E o que isso tudo tem a ver com o cigarro?

Bem, você já sabe que os anticoncepcionais podem incrementar a formação de coágulos no sangue. Pois é, o fumo faz exatamente a mesma coisa, porém, além disso, aumenta a quantidade de colesterol ruim na circulação, causa estreitamento e lesão dos vasos sanguíneos (facilitando depósitos) e, ainda, prejudica o transporte de oxigênio. A soma desses fatores propicia condições muito desfavoráveis à circulação sanguínea.

Nessas condições, são inúmeros os obstáculos que o sangue precisa vencer para chegar aos órgãos. O primeiro é o estreitamento dos vasos, depois aparecem os coágulos e depósitos de colesterol; como se isso não bastasse, ainda há o monóxido de carbono sequestrando a hemoglobina. Como um herói, ele tenta vencer todos esses obstáculos para conseguir chegar aos órgãos, mas nem sempre consegue e, quando consegue, chega com menos oxigênio e nutrientes que o necessário.

Não é por outra razão que o fumo aumenta consideravelmente o risco de infarto, trombose e até de morte em usuárias de anticoncepcional oral.

| Considerações sobre fumo passivo

Muitos ainda duvidam, mas os fumantes passivos também estão expostos aos riscos de desenvolver câncer e outras doenças, assim como os fumantes ativos.

Com a palavra, o doutor Thomas Frieden, epidemiologista e diretor do Centro de Controle de Doenças dos Estados Unidos: "Não há nenhuma dúvida de que estar exposto ao cigarro alheio mata. O debate sobre isso, do ponto de vista científico, acabou. Não existe mais. O estudo mais recente do Instituto de Medicina é outra prova dos males provocados ao fumante passivo. Mostra que a incidência de ataques cardíacos em não fumantes é menor nas áreas protegidas do cigarro. Em geral, as pessoas falam de câncer, mas não se trata apenas dessa doença. O fumante passivo está sujeito a ter câncer e problemas pulmonares, cardíacos e baixo peso ao nascer. O fumante ativo também sabe dos riscos de ter câncer, mas o cigarro mata mais por ataque cardíaco, derrame cerebral e doenças pulmonares do que por câncer. E não só o de pulmão. São vários tipos de câncer. A discussão sobre isso não existe mais, essa é a verdade"[24].

Precisa dizer mais alguma coisa?

| Sugestões para parar de fumar

A nicotina é uma droga prazerosa e com alto poder de dependência. Largar o vício é uma tarefa dificílima, que exige força de vontade e determinação. O que eu quero dizer é: as barreiras que se apresentam aos candidatos a ex-fumante só serão superadas por aqueles que realmente querem parar de fumar.

Porém, mesmo esses encontram dificuldades. Estatísticas mostram que 70% dos ex-fumantes precisaram de ajuda profissional para obter sucesso na luta contra o vício. Seja lá qual foi o seu caso, vale a pena tentar.

Então, mãos à obra.

Os primeiros sintomas da falta do fumo podem incluir: cefaleia, tontura, ansiedade, irritação, mau humor, depressão, sudorese, náusea, alterações do sono e do apetite. Felizmente, eles duram apenas algumas semanas, mas deve-se ter o cuidado de não recorrer ao cigarro durante essa fase, que é conhecida como fase de abstinência.

Comer fruta, beber água e escovar os dentes são medidas simples que podem desestimular o indivíduo a acender o cigarro nessa fase. O uso de adesivos e gomas de mascar à base de nicotina também pode ser considerado. A vantagem é que tais produtos contêm doses baixas de nicotina e não apresentam alcatrão ou CO em sua fórmula.

Outras medidas simples que auxiliam o fumante na sua luta contra o vício são:

- » Manter a mão ocupada com algum objeto (por exemplo: terço grego, lápis).
- » Não ter cigarro, cinzeiro nem fósforo por perto.
- » Sugerir a amigos e parentes que não fumem por perto nem ofereçam cigarro.
- » Evitar café (substituir pelo chá).
- » Procurar ajuda profissional (psicoterapia). Uma boa alternativa é a Terapia Cognitivo-Comportamental (individual ou em grupo).
- » Frequentar lugares onde o fumo é proibido.
- » Procurar grupos de apoio ao tabagista. Há vários deles: Grupo Biologia e Saúde (GBS), Grupo de Apoio ao Tabagista (GAT), Prevfumo e Centro de Referência de Álcool, Tabaco e outras Drogas (Cratod), este ligado ao SUS (Sistema Único de Saúde). Na internet também é possível encontrar ajuda: A Aliança por um Mundo sem Tabaco é uma delas.
- » Medicamentos à base de bupriona algumas vezes são usados no tratamento dos fumantes que exageram na quantidade diária de cigarros.
- » Acupuntura.
- » Dieta abundante em frutas, verduras e legumes e pobre em gordura.
- » E, principalmente, fazer exercícios físicos.

| Exercícios físicos *versus* fumo

Os exercícios são importantes aliados na luta contra o fumo. Muitos ex-fumantes que aderem à prática desportiva acabam trocando o vício em cigarro pelo vício em exercício. Várias são as formas como os exercícios atuam em favor da saúde.

1. Regularizam a produção de serotonina e dopamina afetada pela nicotina. Isso proporciona sensação de bem-estar e prazer, minimiza os sintomas da fase de abstinência e diminui os riscos de recaída.
2. Melhoram o sono e o apetite.
3. Ganhos físicos: produzem efeitos benéficos nos sistemas cardiovascular, respiratório, digestivo e musculoesquelético antes comprometidos pelo fumo. Melhoram a disposição e o desempenho sexual.

4. Desintoxicação: a combinação entre hidratação e exercícios ajuda a eliminar as toxinas acumuladas no organismo por causa do fumo.
5. Combatem o ganho de peso: em alguns casos o ex-fumante tende a ganhar peso. Uma das razões para isso é a normalização do paladar e do olfato, antes afetados pelo fumo. Os alimentos parecem mais saborosos e o indivíduo tende a comer mais. O exercício elimina essa preocupação que assombra a vida dos candidatos a ex-fumante.
6. Ganhos psicológicos: os exercícios melhoram a autoimagem, o autoconceito, a autoestima. O indivíduo entra numa espiral ascendente que o motiva a manter-se sempre ativo e longe do cigarro.
7. Ganhos sociais: o ambiente esportivo é um ambiente saudável; inserido nesse ambiente, o ex-fumante sente-se estimulado a adotar novos e bons hábitos, condição fundamental para que não caia na tentação de voltar ao vício. Esse é um aspecto que não deve ser ignorado, pois sendo a nicotina uma droga prazerosa e potencialmente causadora de dependência, uma simples tragada em um ambiente social desfavorável pode colocar tudo a perder[26,27].

Essas são algumas das razões que explicam porque o ex-fumante que decide adotar um estilo de vida ativo sente-se melhor, larga o vício mais fácil e mais rapidamente e corre menos risco de voltar a fumar.

A propósito, os exercícios indicados para ajudar a parar de fumar são os aeróbicos[27], ou seja, caminhada, ciclismo, natação e corrida.

| Mensagem aos usuários de drogas

Talvez você nunca tenha pensado nisso, mas o seu corpo não necessita de drogas artificiais para obter prazer; ele está biologicamente programado para obter prazer sozinho, através da produção de substâncias naturais.

A dopamina, a serotonina e as endorfinas são alguns exemplos dessas substâncias, e para obtê-las não há necessidade de arriscar a sua vida e a de sua família. Também não há necessidade de comprometer a sua saúde, a paz e a harmonia de sua família. Você não precisa de dinheiro para ter acesso a elas, ou seja, não vai comprometer o seu orçamento ou o de sua família; também não vai financiar o narcotráfico, estimular a violência, a criminalidade, os acidentes, a iniciação de crianças no universo do crime e a mortalidade precoce.

Elas não irão devastar o seu cérebro, ao contrário, irão fortalecê-lo.

O que você deve fazer para obtê-las? Pratique esporte, que além de ajudá-lo a livrar-se dessa experiência devastadora, ainda o ajudará a construir e solidificar o seu caráter.

E se você acha que está no fundo do poço, sem perspectivas de melhora ou recuperação, veja o exemplo de Ana Luiza Garcez, ex-moradora de rua, ex-viciada em drogas, que aderiu à prática de exercícios e hoje pertence ao seleto grupo dos atletas de elite.

Seja lá quem você for, acredito que dificilmente se encontra em situação pior que a dela, antes de tornar-se atleta. Sem casa, sem família, sem amigos, sem comida, sem dinheiro, sem roupas, sem sapatos, frequentemente perseguida pela polícia por causa dos delitos que cometia e, pior, viciada em drogas, ela encontrou no esporte sua arma de superação e sua passagem para uma vida melhor, mais digna e mais saudável.

Entre suas vitórias estão: a meia maratona do Chile, a meia maratona da Disney e a meia maratona de Miami[28], porém, sem sombra de dúvida, a maior delas foi a que obteve sobre as drogas!

| Considerações finais

Muitos fumantes tentam diminuir a quantidade de cigarros que fumam por dia; trata-se de uma iniciativa louvável, porém pouco eficaz, uma vez que o fumo é nocivo à saúde em qualquer quantidade.

Outros compram cigarros de baixo teor com a ilusão de estarem prejudicando menos a própria saúde. Muitas vezes, esses fumantes acabam encontrando uma maneira de aumentar a concentração de nicotina no cérebro, compensando os baixos teores. Suas estratégias incluem: aumentar o número de cigarros fumados por dia, tragar mais profundamente cada cigarro ou, até, alterar a estrutura dos filtros.

Mais uma vez, o ideal seria prevenir-se desse mal, ficando bem longe do cigarro; porém, infelizmente, a regra para as outras doenças vale também para o tabagismo: primeiro o fumante espera a doença se instalar para depois procurar tratamento.

Conscientização, determinação e ação são as palavras-chave para livrar-se desse vício. É difícil superá-lo? Sim, porém muitos conseguem, por que não você?

O exemplo do doutor Drauzio Varella e, principalmente, o de Ana Luiza Garcez estão aqui para lembrá-lo de que tudo é possível para aqueles que realmente querem.

Capítulo 20
Longevidade

ATÉ AQUI, MUITO FOI FALADO SOBRE A IMPORTÂNCIA da boa alimentação, da hidratação, do sono e da prática de exercícios para a preservação da saúde. Da mesma forma, foram abordados os itens que devem ser evitados como o açúcar (e outros produtos refinados), alguns tipos de gordura, o fumo e o álcool. Porém, quando a questão é ter uma vida mais longa e saudável, outros fatores também devem ser considerados.

Antes de abordá-los, entretanto, vamos conhecer o doutor Walter Michael Bortz II, a verdadeira personificação da palavra longevidade.

O doutor longevidade

O doutor Walter Michael Bortz II nasceu em 20 de março de 1930, na Filadélfia, Pensilvânia, Estados Unidos. É professor da *Stanford University School of Medicine* e um dos mais respeitados especialistas em envelhecimento e longevidade.

Pesquisa a importância do exercício físico na promoção de um envelhecimento saudável e já escreveu mais de 130 artigos científicos publicados em periódicos como: *JAMA (The Journal of the American Medical Association), The New England Journal of Medicine, American Journal of Public Health, Journal of Biological Chemistry*. Da mesma forma, tem artigos publicados no *The New York Times* e *Washington Post*.

Entre os livros que publicou, encontramos títulos como: *We Live Too Short and Die Too Long* (A vida é curta e a morte é longa), *Dare to be*

100 (Atreva-se a ter 100 anos), *Living Longer for Dummies* (Longevidade para "leigos"), *Diabetes Danger* (O perigo do diabetes), *Next Medicine: The Science and Civics of Health* (A medicina futura: a ciência e o papel cívico da saúde), *The Roadmap to 100: The Breakthrough Science of Living a Long and Healthy Life* (O roteiro até os 100 anos: a nova ciência para uma vida longa e saudável).

Com frequência, o doutor Bortz é convidado a dar palestras em empresas, escolas e outras instituições. Por sua contribuição à ciência e à saúde, já ganhou diversos prêmios, entre eles o Prêmio do Instituto de Saúde e Envelhecimento da Universidade da Califórnia (EUA), o Prêmio Kenneth Cooper, o Prêmio da Sociedade Americana de Envelhecimento, o Prêmio Paavo Nurmi, o Prêmio "Avenidas" pelo conjunto de sua obra.

| Algumas publicações do doutor Bortz

Seu célebre artigo *Disuse and Aging*, publicado no *JAMA* em 1982, sugere que algumas das alterações biológicas que acontecem no organismo com a idade são, na verdade, decorrentes da inatividade física e não do processo de envelhecimento, como muitos acreditam. E complementa com a seguinte frase: "Não há, nem haverá, nenhum remédio que garanta boa saúde tanto quanto um programa vitalício de exercícios físicos"[4].

Em outro artigo, ele reforça a importância dos exercícios aeróbicos para aumentar o diâmetro das artérias, evitando, assim, problemas cardíacos e complicações do diabetes decorrentes de bloqueio vascular[5].

Mais um interessante artigo aborda a questão da sexualidade no envelhecimento. Através dele, o doutor Bortz mostra que atividade e satisfação sexual estão mais relacionadas com preparo físico do que com idade. Assim, as atividades física e sexual favorecem uma a outra, proporcionando um envelhecimento de melhor qualidade[6].

| O acidente do doutor Bortz

Há poucos anos, uma árvore caiu sobre o doutor Bortz. Como bom cientista e bom atleta, ele aproveitou esse episódio para narrar em mais um artigo como o seu excelente preparo físico o ajudou a se recuperar rapidamente desse acidente em que sofreu fratura de costelas e perfuração do pulmão. Aproveitou, também, para destacar que a corrida, assim como outros tipos de exercícios, ajuda a prevenir doenças cardiovasculares, fragilidade muscular e esquelética, alterações metabólicas, fortalece o sistema imunológico, ajuda a prevenir a depressão e o envelhecimento prematuro[7].

Atualmente, esse moço tem 82 anos; corre vários quilômetros por semana e já completou mais de trinta maratonas (entre as quais, a de Nova York e a de Boston).

Sua proposta? Nada menos que a possibilidade de viver cem anos de maneira saudável.

A julgar pelo histórico, restam poucas dúvidas de que ele e seus seguidores conseguirão.

| Longevidade – outros fatores

Voltemos, então, aos outros fatores que também devem ser considerados para uma vida mais longa e saudável.

Bom humor, otimismo e emoções positivas. São importantes aliados no combate ao estresse, protegendo o organismo de doenças cardíacas, hipertensão, diabetes, problemas de sono, ansiedade, depressão e doenças decorrentes da queda de resistência imunológica. Os otimistas e bem-humorados vivem mais e melhor, desde que, obviamente, não se exponham a riscos desnecessários, achando que nunca lhes acontecerá nenhum mal.

Casamento e boas relações sociais. As pessoas com uma relação estável e prazerosa (leia-se uma relação de boa qualidade), em geral, vivem mais tempo em comparação aos solteiros. A atividade sexual segura e com a pessoa amada ajuda a prevenir doenças cardíacas, a perder peso, melhora a autoestima e o humor. Cultivar boas amizades e vínculos duradouros é um indicativo de estabilidade emocional, o que também prolonga a vida e melhora a sua qualidade. Em suma, o convívio com a pessoa amada e as boas relações sociais propiciam segurança e bem-estar, ajudando a combater o estresse e suas complicações.

Atividade mental e intelectual. Manter o cérebro ativo diminui os riscos de perda de memória, concentração, capacidade de planejamento e iniciativa; preserva o raciocínio, a capacidade cognitiva, o equilíbrio e a coordenação motora, bem como diminui os riscos de desenvolver doenças degenerativas (como o mal de Alzheimer). Ler, aprender idiomas, escrever, jogar xadrez, baralho ou jogos eletrônicos, resolver problemas matemáticos e palavras cruzadas, fazer trabalhos manuais, montar quebra-cabeças, dançar e praticar exercícios físicos são exemplos de atividades que ajudam a preservar as funções cerebrais mesmo em idades mais avançadas.

Atitudes positivas. Nada contra alguém querer ganhar mais dinheiro (honestamente), comprar carros e outros itens de luxo, enfim, "se dar bem". Porém, além de mais rico, tente também ser uma pessoa melhor, "fazer o bem". Seja gentil no trânsito, no trabalho, nas filas, trate bem os seus funcionários, recolha os dejetos do seu cachorro ao passear com ele, afinal, todos temos direitos e deveres. Gentileza, solidariedade, generosidade e gratidão são exemplos de atitudes que deveriam fazer parte da rotina de todos. Sua prática é saudável e gratificante, além de ser um bom exercício de cidadania.

Não à aposentadoria. Muitas pessoas sonham com o momento de se aposentar. Acreditam que finalmente terão sossego, tempo livre, dinheiro para o lazer, as viagens, enfim, as tão sonhadas atividades sempre adiadas por causa dos compromissos profissionais. Infelizmente, não é bem assim.

Em muitos casos, passados alguns meses de inatividade, logo a aposentadoria revela-se uma ilusão. A sensação de vazio e inutilidade começa a se manifestar, os gastos se mantêm ou aumentam e os ganhos diminuem. O risco de depressão é real.

Uma ótima alternativa para quem já cumpriu o tempo de serviço estabelecido por lei é continuar trabalhando. A recomendação é que o indivíduo escolha um trabalho que lhe proporcione prazer, mesmo que isso implique uma remuneração mais baixa.

Há inúmeras vantagens em manter-se ativo após a aposentadoria, principalmente quando o indivíduo faz o que gosta, seja na própria área de atuação ou em outra; faz bem para a saúde física, mental e financeira. Além disso, o indivíduo não corre o risco de tornar-se um peso para a família, mantém suas relações sociais, tem a chance de aproveitar e transmitir seus conhecimentos profissionais e corre menos risco de desenvolver depressão.

Fé e boas obras. A fé confere ao indivíduo conforto espiritual e otimismo, o que colabora para uma saúde melhor. Convém, entretanto, que ela venha acompanhada de boas obras (caridade, doação etc.). Fé, na teoria, é crença; na prática, ela se traduz em obras, sem as quais torna-se nula. "Assim como o corpo sem a alma é morto, assim também a fé sem obras é morta" – Tiago 2:26.

O engajamento em trabalhos comunitários também pode contribuir para a longevidade, ao contrário do fanatismo, que pode representar uma fonte de ansiedade para o fanático e de estresse para aqueles que convivem com ele.

Lazer. Realizar uma atividade prazerosa, seja ela qual for, aumenta a produção de dopamina e serotonina, proporcionando bem-estar, ao mesmo tempo que melhora o humor, combate o estresse, a ansiedade e a depressão.

Banhos de sol. Tomar sol diariamente, sempre antes das dez horas da manhã ou após as dezesseis horas, fortalece os ossos e ajuda na prevenção de doenças como a osteoporose e a osteopenia. Isso porque a exposição ao sol ativa a vitamina D, essencial para a mineralização dos ossos (ver Capítulo 9 – sobre osteoporose).

Proteção solar. A exposição solar entre dez horas da manhã e quatro horas da tarde é potencialmente causadora de problemas de pele, incluindo o câncer. Previna-se utilizando protetor solar de acordo com o seu tipo de pele.

Proteção ocular. A exposição dos olhos aos raios ultravioleta pode causar lesões em algumas estruturas oculares. Previna-se usando óculos escuros de boa qualidade (com filtro ultravioleta nas lentes).

Proteção auricular. Recentemente, Eric Clapton, guitarrista e um dos maiores nomes da música internacional, declarou à imprensa que perdera boa parte da audição. Isso ocorreu porque ele se expôs, durante longo tempo, a sons muito intensos, que causaram danos irreversíveis à sua audição.

O ouvido humano suporta, sem danos, em média, até 80 decibéis de ruído. O problema é que estamos cercados de ruídos nocivos por toda parte e, às vezes, nem percebemos. Quando há exposição prolongada a sons altos como o de danceterias, shows musicais, aparelhos ligados em alto volume, ronco de motores e buzinas, o ouvido sofre lesões irreversíveis que podem levar à perda progressiva da audição.

Outro exemplo vem do futebol. O leitor provavelmente se lembra das vuvuzelas, as cornetas que viraram mania durante os jogos da Copa de 2010. Pois é, ela pode atingir até 117 decibéis quando soprada a meio metro de distância do ouvido. Porém, o ouvido humano só suporta isso sem lesões durante 7 minutos; como uma partida de futebol dura 90 minutos, você pode imaginar as consequências. Além disso, o som dessas cornetas, quando sopradas diretamente no ouvido, pode atingir até 136 decibéis, o equivalente a uma turbina de avião.

A sugestão dos especialistas é o uso de protetores auriculares; alguns são internos, não incomodam, não aparecem e são eficazes para abafar sons de alta intensidade.

Outras consequências da poluição sonora são: zumbido, alterações do labirinto (parte do ouvido interno responsável pelo equilíbrio), distúrbios do sono, hipertensão arterial, aumento da frequência cardíaca, ansiedade, irritabilidade, estresse, alterações do humor, mal-estar, cansaço, dificuldade de concentração e dor de cabeça.

Portanto, proteja-se da surdez desde cedo; baixe o volume do seu aparelho de som, evite longas conversas por telefone, tente não frequentar lugares com som ensurdecedor e, quando não puder evitar as situações ruidosas, use protetor auricular.

Higiene pessoal e higiene bucal. Cuidados simples de higiene como tomar banho diariamente e lavar as mãos com frequência podem prevenir desde simples viroses até infecções bacterianas graves. Escovar os dentes ao acordar e após as refeições ajuda a prevenir cáries, problemas na gengiva e até doenças graves como câncer de boca.

| Dicas de longevidade do doutor juventude

Aqui estão algumas recomendações do médico americano Mehmet Oz para uma vida mais longa e saudável.

- » Exercícios físicos para fortalecer o corpo, alimentação nutritiva e meditação.
- » Comer a cada três horas e fazer refeições pouco calóricas e ricas em antioxidantes.
- » Evitar: gorduras saturadas, gorduras trans, açúcar simples, açúcar invertido e farinha de trigo enriquecida.
- » Consumir arroz integral em vez de arroz branco e evitar carnes gordas.
- » Usar fio dental e escovar os dentes.
- » Caminhar meia hora diariamente e fazer exercícios mais vigorosos três vezes por semana. Meditar fazendo ioga ou *tai chi chuan*. Dormir mais de sete horas por noite.
- » Evitar aderir às dietas que surgem frequentemente como soluções mágicas para emagrecimento.
- » Jantar, no mínimo, três horas antes de dormir, para não prejudicar o sono e para prevenir a gordura abdominal.
- » Beber água suficiente para que a urina esteja sempre clara. Substituir o café pelo chá verde.
- » Aprender coisas novas, ouvir pessoas, exercitar a mente. Manter boas relações sociais.

| E para finalizar

É bom lembrar que o corpo que você está usando é um presente muito valioso, mas você não o usará para sempre. Chegará a hora em que você terá de deixá-lo e as condições nas quais você o fará são, em boa medida, de sua responsabilidade. Ninguém além de você tem o poder de decidir o que fazer com o seu corpo.

Como eu disse, eu não salvei a Chrysler da falência, mas aqui estão as recomendações para ajudá-lo a salvar a sua saúde da falência.

Saúde é o seu bem mais precioso. Então, cuide dela! Só assim você poderá experimentar a sensação impagável de paz e tranquilidade diante dos resultados dos exames médicos de rotina, aos quais todos nós devemos nos submeter periodicamente. Esteja certo de que essa sensação é reservada a alguns privilegiados que, provavelmente, nunca saberão o que é ser portador de uma doença grave.

Capítulo 21

Corridas de rua
Um universo encantador e enigmático

Peço licença ao leitor para encerrar este livro escrevendo sobre a minha grande paixão: as corridas de rua.

Para aqueles que não correm, o universo das corridas é enigmático. Muitos não conseguem entender como e por que um evento aparentemente tão simples consegue reunir 6, 10, 15, 20 mil pessoas que, na maioria das vezes, com chuva, sol ou frio, acordam cedo para percorrer, correndo, alguns quilômetros de ruas de uma cidade qualquer. Isso sem mencionar que esses indivíduos pagam para correr em vez de receberem.

Por outro lado, para aqueles que já correm esse universo é encantador. Os praticantes de corrida, em geral, falam do esporte com entusiasmo e um brilho especial no olhar. Muitos corredores correm sorrindo, outros, tão concentrados que mal percebem o que se passa à sua volta; outros, ainda, cantam ou conversam com um companheiro de corrida.

Para que o leitor tenha ideia do que representa a corrida para um corredor, aqui vai uma analogia bem simples: é mais ou menos o sentimento que você nutre pelo seu time do coração. Enfim, trata-se, claramente, de um caso de amor entre os corredores e as corridas.

Acredito ser impossível expressar no papel a emoção que um corredor sente durante as corridas, pois é algo que só se sente na prática. Sendo assim, deixarei a emoção de lado e tentarei levar ao leitor, de modo objetivo, um pouco do conhecimento que adquiri durante alguns anos de experiência como corredora de rua.

Diferença entre corrida e maratona

Essa informação pode parecer banal para os iniciados em corrida, mas certamente será uma novidade para muitos não iniciados: maratona não é sinônimo de corrida.

Corrida refere-se a um esporte cuja distância pode variar de curta (100 m, por exemplo) a longa (15 km, por exemplo).

Maratona, por outro lado, é uma corrida que tem a distância específica de 42.195m. Agora o leitor provavelmente está curioso para saber por que 42.195m e não 42 mil m redondos. Por pura conveniência da família real britânica. Explico.

De 1896, ocasião dos primeiros Jogos Olímpicos da era moderna, até 1948, essa distância tinha em média 40 km. Porém, em 1948, nos Jogos Olímpicos de Londres, a distância foi ajustada para 42.195 m, para atender às expectativas da família real britânica, que queria assistir ao início da prova do jardim do Palácio de Windsor.

Além da maratona, ainda existem: a meia maratona (aproximadamente 21.100 m), as ultramaratonas (cujas distâncias ultrapassam os 42.195 m) e corridas de inúmeras outras distâncias. As de 10 km parecem ser as preferidas dos corredores brasileiros.

Aos que ainda não correm

Se você ainda não é corredor, mas pretende aderir a essa prática, convém passar por algumas avaliações antes de iniciá-la. São elas:

1. Avaliação médica. Deve, preferencialmente, incluir: avaliação cardíaca, ortopédica, exames laboratoriais e de imagem, se necessário.

    A avaliação cardíaca é fundamental para identificar possíveis problemas cardíacos e, também, para determinar a frequência cardíaca dentro da qual você deverá trabalhar (teste ergométrico).

    A avaliação ortopédica também é imprescindível para identificar possíveis problemas que o impeçam de correr.

Exames laboratoriais como hemograma, glicemia, colesterol, urina, entre outros são importantes para detectar problemas como anemia, diabetes etc.

2. Avaliação nutricional: importante para identificar possíveis deficiências nutricionais e para orientar o futuro corredor quanto aos ajustes alimentares a serem adotados para suprir a demanda de energia que o esporte impõe.

3. Avaliação odontológica: também é importante para identificar problemas que possam vir a se complicar com a prática da corrida.

| A cesta básica do corredor

Se você pretende começar a correr, alguns dos itens a seguir não podem faltar no seu armário: tênis, roupas, meias, marcador de frequência cardíaca, boné, óculos escuros, protetor solar, toalha de mão e pochete. Vamos falar de cada um deles.

Tênis: O ideal é que você tenha, no mínimo, dois pares de tênis. Isso porque você irá treinar, em média, de três a cinco vezes por semana e não é conveniente usar o mesmo par de tênis duas vezes seguidas. O correto é intercalar o uso dos tênis, ou seja, usar um par em um dia e outro par no outro dia. No terceiro dia de treino, você volta a usar o primeiro par e assim sucessivamente. A explicação para isso é simples: os tênis para corrida são feitos com tecnologia avançada de amortecimento, que minimiza o impacto sobre os joelhos e outras articulações. Esses sistemas de amortecimento, muitas vezes, exigem um tempo de "descanso" (que pode variar de 24 a 48 horas), para reassumir a forma e a função originais. Além disso, é importante que eles sejam ventilados por um período antes de serem usados novamente.

Procure saber qual é o seu tipo de pisada antes de adquirir seus pares de tênis. Há três tipos de pisada: pronada (para dentro), supinada (para fora) e neutra (pés retos). Há tênis específicos para cada tipo de pisada e testes específicos para determinar o seu tipo de pisada. Uma maneira simples de saber é observar o desgaste do solado de um calçado usado; se for na parte externa, sua pisada é supinada; se for na parte interna, sua pisada é pronada. Se for igual em ambos os lados, sua pisada é neutra. Na dúvida, dirija-se a uma loja especializada para fazer um teste gratuito de pisada ou leve seu calçado usado para mostrá-lo ao vendedor.

Após um tempo de uso, seus tênis deverão ser aposentados e você deverá adquirir novos pares. Isso porque, com o tempo, eles perdem a capacidade de amortecimento, podendo favorecer o aparecimento de dores ou lesões. Segundo Marcelo Ortiz (mestre em fisiologia e treinamento esportivo da Unesp), os tênis são, em média, capazes de rodar, sem problemas, de 550 a 800 km. Material do calçado, biótipo do corredor e tipo de piso sobre o qual o atleta treina são as variáveis que deverão ser consideradas na hora da troca[4]. Por exemplo: se você é alto, robusto e costuma correr em piso duro, seus tênis durarão, em média, 550 km. Por outro lado, se você é baixo, leve e costuma correr em piso suave, seus tênis durarão, em média, 800 km. Para não perder o controle, adquira o hábito de anotar, na tampa da caixa, quantos quilômetros você correu com eles naquele dia e, então, faça as contas periodicamente.

Os tênis para corrida devem oferecer estabilidade, conforto, solado antiderrapante, micro-orifícios que permitem ventilação e sistema de escoamento de água, para não ficarem encharcados quando você estiver correndo na chuva, além, é claro, de um bom sistema de amortecimento.

A absurda carga tributária brasileira eleva o seu preço final ao consumidor. Porém, sem sombra de dúvida, vale a pena investir nesses tênis, mesmo porque seus joelhos valem muito mais que isso. Lembre-se de que, durante uma corrida, algumas articulações chegam a ter de suportar um impacto equivalente a três ou quatro vezes o peso do seu corpo.

Seus joelhos agradecem!

Roupas: Você pode escolher entre as roupas leves e claras (esquentam menos que as de cor escura); roupas com orifícios especiais para facilitar a evaporação do suor e aquelas que deixam a maior parte do corpo exposta. Priorize sempre o conforto, a liberdade de movimento e a facilidade para a evaporação do suor.

Meias: As ideais para corrida são sem costura ou com costura embutida; elas evitam a compressão da pele na região dos dedos, livrando os pés de dores e possíveis lesões. Contudo, não são fáceis de ser encontradas no mercado brasileiro.

Fique atento, também, ao comprimento do cano. Priorize as de cano um pouco mais longo e evite as de cano muito curto, que favorecem a entrada de objetos estranhos (como pedrinhas). Ninguém merece ter de parar durante a corrida para retirar objetos estranhos de dentro da meia!

Boné: É importante para proteger o couro cabeludo dos raios solares, que são potencialmente causadores de câncer.

Óculos escuros: Protegem os olhos dos raios ultravioleta, potencialmente lesivos para algumas estruturas oculares.

Protetor solar: Jamais deixe de passar protetor solar no rosto e no restante do corpo quando for correr; ele protege a pele dos raios solares malignos. Felizmente, já há protetores solares especiais para esportistas, que duram cinco horas e são resistentes à água e ao suor. A propósito, a diferença entre a eficácia dos fatores 30, 45 e 50 é muito pequena, de forma que o fator 30 é suficiente para uma boa proteção da pele.

Toalha de mão: Ao contrário do que você imagina, ela não deve servir para secar o suor que, provavelmente, escorrerá em bicas pelo rosto e corpo durante a corrida. NÃO! Corrida é uma atividade que gera muito calor e o suor tem a importante função de resfriar a pele (equilibrar a temperatura); portanto, não deve ser secado; deve evaporar naturalmente!⁵

Acontece que, muitos corredores apresentam coriza durante a corrida e a toalhinha tem a finalidade de livrá-lo desse desconforto.

Quanto ao suor, ele só deve ser secado quando estiver concentrado nas sobrancelhas e prestes a entrar nos olhos, pois ele contém sódio, um elemento que irrita a conjuntiva. Se penetrar nos olhos, ficará difícil mantê-los abertos e, mais difícil ainda, correr com eles fechados!

Pochete: Alguns corredores gostam de correr livres de objetos de qualquer natureza. Outros, entretanto, preferem correr portando documento, dinheiro, chave. Para o segundo grupo já há pochetes especificamente desenhadas para essa finalidade. São pequenas, impermeáveis e ajustam-se perfeitamente à circunferência dos quadris, permanecendo fixas durante a corrida.

Marcador de frequência cardíaca (FC): Trata-se de um item importante para monitorar a FC durante a corrida. Ele o ajudará a manter-se sempre dentro dos limites desejáveis de FC, evitando riscos de sobrecarga para o coração. Portanto, vale a pena investir em um aparelho assim.

Porém, infelizmente, algumas pessoas não têm condições financeiras para adquiri-lo. Nesse caso (e somente nesse caso), há outra forma de você não perder o controle sobre a FC: basta estar atento à frequência respiratória.

O ideal é que a respiração esteja sempre tranquila durante a corrida, nunca ofegante! Respiração tranquila é sinônimo de FC dentro dos limites desejáveis.

Se você conseguir, ao mesmo tempo, correr e conversar, sem ofegar, significa que está no ritmo certo.

Basicamente, a FC pode ser determinada da seguinte forma: 220 – idade = total; calcula-se, então, **70% a 85% desse valor total**, para saber qual é o limite máximo de FC dentro do qual você deve trabalhar.

Por exemplo, se você tem 40 anos, a conta fica assim: 220 – 40 = 180 x 70% = 126. Então, 126 é a FC máxima que você deve atingir durante a corrida.

Na verdade, a porcentagem pode variar de 70% a 85%, dependendo de alguns fatores. Por exemplo, se você é sedentário ou portador de alguma doença (obesidade, diabetes tipo 2 etc.), convém que essa porcentagem seja mesmo de 70%.

Por outro lado, se você é saudável e já pratica alguma atividade física, essa porcentagem pode subir para 80% ou 85%, aumentando, assim, o limite máximo de FC que você pode atingir durante a corrida.

Mas lembre-se de que, antes de iniciar a prática de corridas, você deve passar por uma avaliação com o cardiologista. Os próprios testes feitos durante essa avaliação determinam o limite de FC dentro do qual você deve trabalhar.

| Como começar

Bem, agora que você já sabe do que precisa para começar a correr, vejamos de que forma deve iniciar essa prática.

Se você tem condições para contratar um treinador ou frequentar uma academia, eu não tenho nada a lhe dizer; esteja certo de que o seu treinador ou o instrutor da academia estão mais bem preparados do que eu para orientá-lo.

Caso não tenha a facilidade de contar com a ajuda de um professor de educação física, você pode começar caminhando.

Não é preciso ser médico nem fisiologista para saber que quem nunca correu não pode sair por aí correndo em disparada. Não! Quem nunca correu deve começar caminhando, no mínimo, 30 minutos ao dia e, no mínimo, três vezes por semana. A caminhada deve ser feita sempre em um ritmo confortável, com a respiração tranquila, nunca ofegante!

Após algum tempo, você perceberá que está caminhando cada vez mais rápido e sem ofegar. Isso significa que o seu sistema cardiovascular está respondendo bem aos exercícios e está se fortalecendo.

Todo esse processo de fortalecimento do aparelho circulatório leva apenas alguns meses para ocorrer, caso você seja saudável e já pratique alguma atividade física. Por outro lado, caso seja sedentário, ex-fumante, obeso ou portador de alguma doença, esse processo pode demorar um pouco mais.

Quando perceber que já está conseguindo caminhar rapidamente sem se cansar e sem ofegar, é o momento de começar a correr!

De acordo com alguns especialistas, deve-se iniciar com uma corrida bem leve, o que significa correr bem devagarzinho[5]. No jargão dos corredores, chamamos essa corridinha de "trotinho".

Outros especialistas acreditam que esse seja o momento de intercalar a caminhada com o trotinho e ir aumentando progressivamente o tempo do trote[8].

De qualquer forma, permaneça correndo leve e monitorando a sua FC (ou atento à sua respiração), por tempo suficiente para perceber que o ritmo não mais eleva a sua FC.

Após esse período, pode começar a correr um pouquinho mais rápido, sempre atento à FC. Permaneça nesse ritmo mais algum tempo.

Ao perceber que o ritmo já não é suficiente para elevar a FC, pode acelerar um pouquinho mais, e, assim, sucessivamente, até o momento em que você estará correndo num ritmo mais rápido, sem se cansar e sem ficar ofegante.

É, basicamente, assim que você deve proceder para tornar-se um corredor.

Um requisito fundamental para que esse processo decorra de forma correta e bem-sucedida é ter muita paciência, principalmente na fase inicial, aquela na qual você deve correr bem devagarzinho.

Nunca, jamais corra ou caminhe com a FC acima dos limites desejáveis! Isso coloca em risco a sua saúde e a sua vida!

| Aquecimento, alongamentos e fortalecimento muscular

Convém que, além de correr, você também faça aquecimento, alongamentos e fortalecimento muscular.

| Aquecimento

Antes de iniciar uma corrida, o ideal é que você faça um "trotinho" de mais ou menos 10 minutos, para aquecer músculos e tendões.

| Alongamentos

Os alongamentos servem para melhorar a flexibilidade, aprimorar os movimentos, corrigir ou eliminar vícios posturais, minimizar o risco de lesões e dissipar as tensões musculares provocadas pelo exercício.

Nunca se alongue com os músculos frios ou demasiadamente quentes!

O ideal é fazer aquecimento e alongamento breves antes de começar a correr.

Após a corrida, deve-se caminhar uns 10 minutos, tempo suficiente para que a circulação volte aos patamares de base e para que os músculos e tendões atinjam a temperatura ideal para os alongamentos. Deve-se, então, proceder aos alongamentos com calma e critério.

Procure alongar membros inferiores, superiores e, também, a região cervical.

Há várias publicações impressas (livros, revistas) e na internet, com instruções sobre o modo correto de fazer os alongamentos.

Fortalecimento muscular

Além de correr, é conveniente fazer fortalecimento dos músculos dos membros inferiores, superiores e, também, abdominais, pelo menos duas vezes por semana.

Deve-se fazer exercícios para fortalecimento dos músculos da panturrilha, das coxas, dos glúteos, abdominais e braços, pois todos esses músculos, participam da dinâmica da corrida.

Os movimentos dos braços ajudam a impulsionar o corpo para frente; os músculos abdominais conferem proteção e estabilidade à coluna vertebral, por isso é importante que também sejam fortalecidos.

Corrida é uma atividade de grande impacto, e músculos fortalecidos conferem maior proteção e estabilidade às articulações e minimizam o impacto sobre elas, além de melhorarem seu desempenho e seu VO2.

Os corredores que não fazem fortalecimento muscular ficam mais susceptíveis a lesões (de joelhos e quadril, entre outras), com o decorrer do tempo.

Nota: VO2 e ácido lático são termos comumente usados no meio esportivo, mas muitos ainda têm dúvidas quanto ao seu significado.

VO2 é o índice que mede a capacidade de utilização do oxigênio durante o exercício. Quanto maior o VO2, melhor o desempenho esportivo. Em geral, pessoas comuns apresentam VO2 em torno de 45, enquanto um atleta de elite pode apresentar um VO2 acima de 80.

O ácido lático é produzido pelo organismo em situações de fadiga e falta de ar. Quanto maior a sua produção, maior o cansaço e menor a resistência para a prática de exercício.

Os treinos

Como quase tudo na vida, só há uma maneira de você estar sempre em forma e pronto para correr: treinando regularmente. Procure treinar pelo menos três vezes por semana.

Para que seus treinos fluam sem intercorrências, comece com uma boa noite de sono (ver Capítulo 15).

Evite correr com o estômago vazio. Alimente-se com um ou mais dos seguintes itens: frutas neutras (pera, maçã, banana prata ou mamão), iogurte ou leite desnatado, pão integral com geleia ou queijo branco e sucos naturais.

Mantenha as unhas dos pés sempre bem cortadas e lixadas, para evitar lesões nelas e nos dedos e, também, para não perdê-las durante a corrida.

Adquira o hábito de amarrar o cadarço dos tênis com nó em laço, seguido de nó cego, para evitar que eles se desamarrem durante a corrida.

Dirija-se ao local dos treinos com os equipamentos e acessórios necessários. Se não houver água disponível no local, carregue com você uma garrafa de água para garantir uma boa hidratação durante o treino.

Comece com aquecimento e alongamento breves.

Procure variar o tipo de piso sobre o qual você corre, pois há diferenças significativas entre eles (verifique no item "tipos de piso" a seguir). Priorize os locais arborizados, com muito oxigênio e evite correr em avenidas com grande movimento de carros e ônibus.

Procure ingerir 100 a 200 ml de água a cada 20 minutos de treino.

Ao terminar, caminhe uns 10 minutos para desacelerar o coração e capriche nos alongamentos.

Procure se alimentar antes de completar uma hora do término do exercício, com alimentos leves e nutritivos, e nunca descuide da hidratação.

| Treinos para provas oficiais

Há provas de diversas distâncias: 5, 7, 10, 12, 15, 21, 42 km ou até acima disso, as chamadas ultramaratonas.

Quando se pretende participar de uma prova oficial, o ideal é que os treinos sejam ajustados para aquela distância específica.

Ninguém, em sã consciência, treina uma distância curta para correr 21 ou 42 km.

Também não é necessário percorrer a distância completa durante os treinos. Por exemplo: se você quer correr uma prova de 10 km, basta que percorra 7,5 a 8 km durante os treinos. Se você terminar bem os 8 km, significa que terminará bem os 10 km e, ainda por cima, poupará o organismo de desgastes inúteis.

Os tipos de piso

Asfalto e cimento: são os mais comumente usados pelos corredores, mas os que mais "castigam" as articulações. São pisos considerados rápidos, mas muito duros e, por isso, causam maior impacto sobre as articulações.

Grama e pedrisco: são pisos mais suaves, de menor impacto, e, portanto, oferecem menos perigo às articulações. Além disso, correr na grama ou no pedrisco ajuda a fortalecer músculos e tendões dos membros inferiores. Cuidados especiais devem ser tomados para evitar torções dos pés, pois são pisos irregulares.

Terra batida: não é tão duro quanto cimento e asfalto, nem tão suave quanto grama e pedrisco. De qualquer forma, oferece menos perigo para as articulações quando comparado aos dois primeiros.

Areia fofa: neste, o impacto é baixo, mas a força aplicada para vencer a resistência do piso é grande. Também ajuda a fortalecer músculos e tendões.

Emborrachado: é rápido e causa menos impacto que asfalto e cimento.

Correr sob o sol

Evite correr sob sol forte e em dias muito quentes.

Nessas circunstâncias, a tendência é que a FC aumente muito, mesmo que você corra num ritmo mais leve. Isso acontece porque o sangue tem de cumprir várias funções simultaneamente, entre elas equilibrar a temperatura corporal e suprir os músculos de oxigênio e nutrientes[5]. Com essas e outras funções sendo feitas ao mesmo tempo, ocorre uma sobrecarga cardíaca e a FC pode elevar-se além dos limites desejáveis, um perigo para a sua saúde e para a sua vida!

Correr em locais com temperatura muito baixa

Alguns corredores gostam de participar de provas internacionais (maratona de Nova York ou provas em cidades europeias).

Nesse caso, cuidados devem ser tomados para evitar hipotermia.

Agasalhe-se e siga as instruções fornecidas pela organização da prova.

As provas oficiais

Inúmeras provas oficiais são realizadas periodicamente em várias cidades dentro e fora do Brasil.

Sempre que você desejar participar de uma prova oficial, deve preparar-se previamente para ela, seja lá qual for a distância.

Supondo que você se preparou corretamente durante os treinos, as demais providências a ser tomadas são:

Evite a ingestão de bebidas alcoólicas, pelo menos nas 48 horas que antecedem a prova.

Na noite anterior, procure dormir bem. Esse é um conselho muitas vezes difícil de ser seguido e nem é por má vontade do corredor; é que a proximidade da prova gera ansiedade, o que pode atrapalhar o sono! Em todo caso, vá para a cama cedo e tente relaxar.

Acorde cedo e faça uma alimentação semelhante à que você faz nos dias de treino; escolha entre frutas, iogurte ou leite desnatado, pão integral com geleia ou queijo branco, sucos naturais ou outros itens leves e saudáveis.

Nunca use tênis novos para correr uma prova oficial. Eles devem ser usados somente nos treinos; nas competições, o ideal é correr com tênis já em uso.

Passe protetor solar. Coloque as roupas e demais acessórios, prenda o chip no cadarço do tênis e não se esqueça de reforçar os nós.

Prenda o número de identificação do corredor na roupa (camiseta, top ou short) e dirija-se ao local da corrida com, pelo menos, 30 minutos de antecedência. Use o banheiro, se necessário, e inicie o aquecimento. Alongue-se brevemente e dirija-se à posição de largada compatível com o seu ritmo de corrida.

Ao soar a sirene, comece a correr. Não se preocupe com o tempo que irá levar para concluir a prova; o importante não é chegar rápido, e sim chegar bem, em boas condições físicas. Então corra como se estivesse passeando em um parque e não se preocupe com os apressadinhos que o ultrapassarão durante o percurso: se estiver no ritmo certo, provavelmente você é que os ultrapassará alguns quilômetros adiante, pois eles estarão esgotados e, talvez, nem consigam terminar a prova.

Ao passar pelos postos de água, tenha muito, muito cuidado! Em primeiro lugar porque o piso estará molhado e escorregadio, então cuidado para não escorregar e cair! Em segundo, cuidado para não pisar nos copos plásticos espalhados pelo chão. Já vi corredores pisarem nos copos, escorregarem e caírem. Portanto, cuidado! Outros cuidados: ao pegar um copo de água, faça, somente, um pequeno orifício na tampa do copo; lembre-se de que você não tomará todo o conteúdo de uma só vez e nem vai parar de correr para tomá-lo. Provavelmente, percorrerá algumas dezenas de metros com o copo na mão, então não destampe o copo totalmente para não derramar o seu conteúdo. Você pode usar a água para beber e, também, para refrescar alguma parte do corpo.

A propósito, escolha um copo com água sem gelo, que é mais bem assimilada pelo organismo[5].

Tenha os mesmos cuidados nos demais postos de água existentes no decorrer do percurso.

Termine a prova com calma, sem pressa, sempre respeitando o seu limite de FC.

Ao terminar a prova, caminhe uns 10 minutos, devolva o chip, retire a medalha e faça um alongamento criterioso. Hidrate-se e alimente-se.

Nesse momento, você provavelmente experimentará as seguintes sensações: de missão cumprida, satisfação, bem-estar e prazer. Leveza, poder e a impressão de que seus problemas foram eliminados com o suor também são sensações comuns após a corrida. Isso sem contar que boas ideias podem surgir durante o percurso, uma vez que a corrida melhora a oxigenação do cérebro e aumenta as conexões neuronais.

Vale mencionar que corrida é uma atividade extremamente prazerosa e, como toda atividade prazerosa, vicia. Felizmente, trata-se de um vício saudável!

Nota: Não há necessidade de reposição energética durante corridas com duração de até uma hora. Pode-se, perfeitamente, repor a energia após o término da prova.

Entretanto, nas provas com duração superior a uma hora, convém que se faça reposição energética durante a corrida. A reposição pode ser feita com gel de carboidrato, por exemplo.

| Os túneis

O mapa de certas provas oficiais, algumas vezes, inclui um ou mais túneis no percurso. Considere, então, as seguintes coordenadas:

1. A quantidade de oxigênio dentro de um túnel é limitada.
2. O número de participantes de uma prova oficial pode variar de 3 mil a 20 mil.
3. Corrida é um esporte que demanda grande consumo de oxigênio.

Agora, imagine o que acontece quando milhares de pessoas entram ao mesmo tempo, correndo, em um túnel. Naturalmente, o pouco oxigênio disponível é consumido rapidamente. A falta de oxigênio faz com que a FC aumente muito, mesmo quando se corre mais lentamente e a sensação de sufocamento é real!

Portanto, aqui vai um alerta! Sempre que possível, evite correr provas com túneis no percurso e, se você é organizador, evite incluir túneis no percurso das suas provas.

| A São Silvestre (SS)

Eu não poderia encerrar este livro sem escrever um pouco sobre a Corrida Internacional de São Silvestre, a prova mais tradicional do Brasil!

Acredito que participar da SS seja o sonho que mais povoa a mente dos corredores brasileiros.

O clima festivo da passagem de ano, o local onde a prova é realizada, os participantes (famosos, desconhecidos, fantasiados), a transmissão ao vivo pelas redes de TV, a plateia, tudo isso gera uma aura especial em torno da SS. É uma verdadeira festa!

Participei da SS em 2005 e em 2006. Nessa época, as mulheres largavam antes do pelotão masculino, porém num horário cruel para qualquer atleta, seja ele homem ou mulher: às quinze horas do horário de verão, ou seja, quatorze horas, na realidade (hora em que a temperatura ambiente está elevadíssima). Em 2005, no momento da largada, os termômetros da avenida Paulista marcavam 33 ºC.

Além do clima desfavorável, o percurso também é difícil. Trata-se de um percurso acidentado, com aclives e declives que provocam desgaste físico e articular.

A distância (15 km) não é das mais desgastantes, não fosse o fato de o percurso ser acidentado, sem árvores ou grama para amenizar a temperatura e o desgaste físico.

O leitor deve estar pensando: como alguém pode querer submeter-se a tamanho sofrimento?

Pois é, eu explico.

Acontece que a SS é, realmente, uma corrida festiva! Mesmo com todas as dificuldades, é uma prova que se corre feliz.

Há, basicamente, dois responsáveis por esse clima de festa e felicidade: o primeiro são os corredores, sem os quais, obviamente, não haveria corrida. O segundo é a plateia, que está presente durante todo o percurso, aplaudindo e interagindo com os atletas. Essa plateia maravilhosa é formada por gente comum, que muitas vezes desconhece as dificuldades inerentes à prova, mas dá-se ao trabalho de estar lá, debaixo de sol ou de chuva, em pé, para ver e incentivar os atletas na sua dura jornada rumo à linha de chegada.

Embora o glamour da corrida noturna (sim, originalmente a SS era uma corrida noturna) tenha deixado de existir, esteja certo de que, para um corredor, não há melhor forma de comemorar o ano-novo do que correndo, literalmente.

Aos corredores, parabéns; à plateia, muito obrigada!

(O Senhor)
"Dá força ao homem acabrunhado, redobra o vigor do fraco.

Até os adolescentes podem esgotar-se, e jovens robustos podem cambalear, mas aqueles que contam com o Senhor renovam suas forças; Ele dá-lhes asas de águia.

Correm sem se cansar, vão para frente sem se fatigar." Isaías 40:29-31

Referências

» Capítulo 1

[1] Iacocca L. *Uma autobiografia*. São Paulo: Livraria Cultura Editora, 1985.

[2] Iacocca L. *Falando francamente*. São Paulo: Livraria Cultura Editora, 1992.

[3] Fraga MF, Ballestar E, Paz MF, Ropero S, Setien F, Ballestar ML, Heine-Suñer D, Cigudosa JC, Urioste M, Benitez J, Boix-Chornet M, Sanchez-Aguilera A, Ling C, Carlsson E, Poulsen P, Vaag A, Zarko S, Spector TD, Wu Y-Z, Plass C, Esteller M. Epigenetic diferences arise during the lifetime of monozygotic twins. *Proceedings of the National Academy of Sciences of the United States of America (PNAS)* – vol. 102 nº 30, p. 10604-10609 – Jul. 26, 2005.

[4] Servan-Schreiber D. *Anticâncer*. Rio de Janeiro: Objetiva, 2008.

[5] Rocha F. Sobre os afetos: impressões e imagens. Os afetos nas estruturas psíquicas e no fenômeno psicossomático. *Revista Bras. Psicanal.* 32(4):845-863, 1998.

[6] Maioria de britânicos prefere morrer a se exercitar. Notícia veiculada pela BBC Brasil.com em 17.09.07, através do site: www.bbc.co.uk/portuguese/reporterbbc/story/2007/09/070917_britanicos_exercicio_mv.shtml. Acessado em: 15.06.10.

[7] Duarte N. Só remédio não basta. Reportagem exibida pelo Jornal Nacional em 25.02.08. www.globo.com. Acessado em: 01.06.10.

[8] Goldberg L & Elliot DL. *O poder de cura dos exercícios*. Rio de Janeiro: Campus, 2001.

» Capítulo 2

[1] Goldberg L & Elliot DL. *Exercise for Prevention and Treatment of illness*. Philadelphia: F. A. Davis Company, 1994.

[2] Goldberg L & Elliot DL. *O poder de cura dos exercícios*. Rio de Janeiro: Campus, 2001.

» Capítulo 3

[1] Diniz L. *O prazer de viver light*. 2ª ed. Revisada e ampliada. Barueri: Lucília Diniz Participações, 2002.

[2] Prevalência da obesidade. Entrevista dada pelo doutor Alfredo Halpern ao doutor Drauzio Varella. Disponível no site: www.drauziovarella.com.br/ExibirConteudo/773/dietas-para-emagrecer. Acessado em: 23.05.10.

[3] Hauser C, Benetti M, Rebelo FPV. Estratégias para o emagrecimento. *Revista Brasileira de Cineantropometria e Desempenho Humano*. 6(1):72-81, maio 2004.

[4] Goldberg L & Elliot DL. *O poder de cura dos exercícios*. Rio de Janeiro: Campus, 2001.

[5] Farmacovigilância – *Quer perder o fígado? Pergunte-me como*. Casos de intoxicação hepática pelo consumo de Herbalife®. Boletim Farmacoterapêutica – Ano XII – n° 6 – nov.-dez./2007 – p. 5.

[6] Schoepfer AM, Engel A, Fattinger K, Marbet UA, Criblez D, Reichen J, Zimmermann A, Oneta CM. Herbal does not mean innocuous: Ten cases of severe hepatotoxicity associates with dietary supplements from Herbalife® products. *Journal of Hepatology*. 47:521-526, 2007.

[7] Elinav E, Pinsker G, Safadi R, Pappo O, Bromberg M, Anis E, et al. Association between consumption of Herbalife® nutritional supplements and acute hepatotoxicity. *Journal of Hepatology*. 47:514-20, 2007.

[8] Stickel F. Slimming at all costs: Herbalife® – induced liver injury. *Journal of Hepatology*. 47:444-446, 2007.

[9] Alvarez-Leite, Jacqueline I. Nutrient deficiencies secondary to bariatric surgery. *Clinic Nutrition & Metabolic Care*. 7(5):569-575, sept. 2004.

[10] Bula do Xenical® (ORLISTATE): possíveis reações adversas do medicamento. www.roche.com.br. Acessado em: 18.06.10.

[11] Figueiredo AS – Fórmulas para emagrecer - http://www.unimedjp.com.br/canais/saudeebemestar/informacoes/ver-consultorio-medico.php?id=139 – 2008. Acessado em: 18.06.10.

[12] Coelho M. Fórmulas para emagrecer. Portal Endocrino – Dr. Leandro Diehl. http://netpage.estaminas.com.br/nucc/cotidiano.htm#4. Acessado em: 30.03.2005.

[13] Scheen AJ, Rorive M, Letiexhe M. Physical exercise for preventing obesity, promoting weight loss and maintaining weight management. *Revue Medicale de Liege*. 56(4):244-47, 2001.

[14] Oppert JM, Balarac N. Physical activity and management of obese patients. *Annales d Endocrinologie*. 62(4-2):S37-42, 2001.

[15] Rennó Jr. J. Depoimento prestado através de carta à revista *Veja* – edição 2206 de 02/março/2011 – ano 44 – nº 9 – p.35.

[16] Ming L. Pode ser uma furada. *Revista Veja* – edição 2219 de 01/06/2011 – ano 44 – nº 22 – p. 126-7.

[17] Coutinho W. Em depoimento a Adriana Dias Lopes, na reportagem "Menos sete, menos dez, menos doze quilos." revista *Veja* – edição 2233 de 07/set./2011 – ano 44 – nº 36 – p. 100.

[18] Bloomberg RD, Fleishman A, Nalle JE, Herron DM, Kini S. Nutritional deficiencies following bariatric surgery: what have we learned? *Obesity Surgery* 15(2):145-154, 2005.

[19] Ribeiro NC. A semente da vitória. 89ª ed. São Paulo: Senac, 2007.

Referências

[20] http://www.mudandodiabetes.com.br/mudandodiabetes/download/Victoza-bula-paciente.pdf – Bula do Victoza®. Acessado em: 24.11.11.

[21] Barbano D. Depoimento prestado através de carta à revista *Veja* – edição 2234 de 14 /set/2011 – ano 44 – nº 37 – p. 37.

[22] Castell GS & Sagnier LB. *Larousse da dieta e da nutrição*. São Paulo: Larousse do Brasil, 2004.

[23] Depoimento do doutor Marco Aurélio Santo à revista *Veja* na reportagem referida no item 16.

[24] Entrevista com Lucília Diniz. Disponível on-line e acessado em 28/02/12. http://www.meionorte.com/noticias/moda-e-beleza/em-livro-lucilia-diniz-conta-como-emagreceu-61-kg-87154.html.

» Capítulo 4

[1] Goldberg L & Elliot DL. *O poder de cura dos exercícios*. Rio de Janeiro: Campus, 2001.

[2] Brazilian Society of Hypertension. IV Brazilian guidelines in arterial hypertension. *Arq. Bras. Cardiol.* 2004;82 (Suppl 4):7-22.

[3] Fabiano LS, Vieira F, Freitas CEA. Efeito do exercício físico no paciente portador de hipertensão arterial leve. *Arq. Ciênc. Saúde Unipar*, 7(2):maio/ago, 2003.

[4] Mion D & Malachias MB (fontes). A evolução dos anti-hipertensivos. *Revista Veja*. Ed. 2052 – ano 41 – nº 11, 122-123. 19/mar. 2008. (contido no artigo "12 por 8, a missão" - autor: Adriana Dias Lopes).

[5] Osawa FH, Caromano FA. Avaliação da adesão a um programa de atividade física por portadores de diabetes mellitus e/ou hipertensão arterial. *Arq. Ciênc. Saúde Unipar*, 6(3): set./dez., 2002.

[6] Hagberg JM, Park JJ, Brown MD. The role of exercise training in the treatment of hypertension: an update. *Sports Med.* 30(3):193-206; Sept. 2000.

[7] Cade R, Mars D, Wagemaker H, Zauner C, Packer D, Privette M, Cade M, Peterson J, Hood-Lewis D. Effect of aerobic exercise training on patients with systemic arterial hypertension. *Am J Med*, 77(5):785-90, 1984.

[8] Guyton AC. *Tratado de fisiologia médica*. 6ª ed. Rio de Janeiro: Interamericana, 1984.

[9] Ribeiro NC. *A semente da vitória*. 89ª ed. São Paulo: Senac, 2007.

[10] Pastore K, Neiva P, Caires A. Sirva-se à vontade. Revista *Veja Edição Especial de Saúde* – nº 20 – ano 35 – Veja l775/A – nov. 2002.

[11] Forjaz CLM, Rondon MUPB, Negão CE. Efeitos hipotensores e simpatolíticos do exercício aeróbio na hipertensão arterial. *Revista Brasileira de Hipertensão*. 12(4):245-250, 2005.

[12] Couttolenc B, IESS/Towers Perrin, IBGV e Fipe (fontes). O mal da saúde. *Revista Veja*. ed.2060 – ano 41 – nº 19. 14 de maio de 2008. (contido no artigo: "A inflação da saúde" – autores: Giuliano Guandalini e Cíntia Borsato).

[13] Bortz W. Increase your Bore. *Diabetes Wellness Letter*. Vol. 1, nº 1, p. 4.

» Capítulo 5

[1] Goldberg L & Elliot DL. *O poder de cura dos exercícios*. Rio de Janeiro: Campus, 2001.

[2] Eliaschewitz F, Franco DR, Chacra AR, Geloneze B (fontes). Frente de ataque ao diabetes. *Revista Veja*. Ed. 2032 – ano 40 – nº 43 – p. 96-97 – 31.10.2007. (contido no artigo "Diabetes – a esperança no bisturi" – autores: Karina Pastore, Adriana Dias Lopes e Anna Paula Buchalla).

[3] Horton ES. NIDDM the devastating disease. *Diabetes Research and Clinical Practice*, 28 Suppl:S3-11, Aug. 1995.

[4] Guyton AG. *Tratado de fisiologia médica*. 6ª ed. Rio de Janeiro: Interamericana, 1984.

[5] Lampman RM & Schteingart DE. Effects of exercise training on glucose control, lipid metabolism, and insulin sensitivity in hypertriglyceridemia and non-insulin dependent diabetes mellitus. *Med. Sci. Sports Exerc.*, 23(6):703-712, Jun. 1991.

[6] Servan-Schreiber D. *Anticâncer: prevenir e vencer usando nossas defesas naturais.* Rio de Janeiro: Objetiva, 2008.

[7] Gazola VAFG, Bazotte RB, Souza SV. A atividade física no tratamento de pacientes portadores de diabetes mellitus. *Arq. Ciência Saúde Unipar,* 5(1):25-32, 2001.

[8] Price TB, Perseghin G, Duleba A, Chen W, Chase J, Rothman DL, Shulman RG, Shulman GI. NMR studies of muscle glycogen synthesis in insulin-resistant offspring of parents with non-insulin-dependent diabetes mellitus immediately after glycogen-depleting exercise. *Proceedings of the National Academy of Sciences of the United States of America,* 93(11):5329-34. May 28, 1996.

[9] Castell GS & Sagnier LB. *Larousse da dieta e da nutrição.* São Paulo: Larousse do Brasil, 2004.

» Capítulo 6

[1] http://virgula.uol.com.br/ver/album/famosos/2012/11/08/22555-famosos-que-venceram-doencas#36

[2] Weinberg RA. How cancer arises: an explosion of research is uncovering the long-hidden molecular underpinnings of cancer and suggesting new therapies. *Scientific American* - vol. 275 – nº 3 – p. 32-40, Sept. 1996.

[3] Servan-Schreiber D. *Anticâncer.* Rio de Janeiro: Objetiva, 2008.

[4] Guyton AC. *Tratado de Fisiologia Médica.* Rio de Janeiro: Interamericana, 1984.

[5] Frisch RE, Wyshak G, Albright NL, Albright TE, Schiff I, Jones KP, Witschi J, Shiang E, Koff E, Marguglio M. Lower prevalence of breast cancer and

cancers of the reproductive system among former college athletes compared to non-athletes. *Br.J.Cancer*, 52(6):885-891 – Dec, 1985.

[6] Frisch RE, Wyshak G, Albright NL, Albright TE, Schiff I. Lower prevalence of non-reproductive system cancers among female former college athletes. *Med. Sci. Sports Exerc.*, 21(3):250-253, 1989.

[7] Garabrant DH, Peters JM, Mack TM, Bernstein L. Job activity and colon cancer risk. *Am. J. Epidemiol.*, 119(6):1005-1014 – Jun, 1984.

[8] Edwards AJ, Bacon TH, Elms CA, Verardi R, Felder M, Knight SC. Changes in the populations of lymphoid cells in human peripheral blood following physical exercise. *Clin.Exp.Immunol.*, 58:420-427, 1984.

[9] Costa Rosa LFPB, Vaisberg MW. Influências do exercício na resposta imune. *Rev Bras Med Esporte*. 8(4):167-171 – Jul./Ago., 2002.

[10] Olzon P. Em depoimento a Adriana Dias Lopes, Alexandre Salvador, Giuliana Bergamo e João Batista Jr. Para a *Revista Veja* – edição 2235 – ano – 44 – nº 38 de 21/set./2011 – p. 88.

[11] Davidson RJ, Kabat-Zinn J, Schumacher J, Rosenkranz M, Muller D, Santorelli SF, Urbanowski F, Harrington A, Bonus K, Sheridan JF. Alterations in brain and immune function produced by mindfulness meditation. *Psychosomatic Medicine* 65(4):564-70, 2003.

[12] Dederich M. Antioxidantes X Radicais livres! No prato ou na farmácia? *Revista Contra Relógio*. Ano 14 – nº 150 – p. 14-28. Março, 2006.

[13] Greer R, Woodward R. *Receitas de Saúde. Os efeitos saudáveis dos antioxidantes naturais*. São Paulo: Angra, 1997.

[14] Rizzo GNV. *Vamos dormir?* São Leopoldo: Unisinos, 2004.

» Capítulo 7

[1] Runcie J. Documentário: JK Rowling. Exibido pelo canal de TV GNT (gnt.doc). Nov./2006.

[2] http://www.edupaperback.org/authorbios/Rowling_JK.html – Acessado em: 24.11.01.

Referências

[3] Goldberg L & Elliot DL. *O poder de cura dos exercícios.* Rio de Janeiro: Campus, 2001.

[4] Ribeiro SNP. Atividade física e sua intervenção junto a depressão. *Revista Brasileira de Atividade Física & Saúde,* 3(2):73-79, fev. 1998.

[5] Sistema nervoso: neurotransmissores. www.urisan.tche.br/~ckonrat/anat_ner.pdf. Acessado em: 30.05.10.

[6] Guyton AC. *Tratado de fisiologia médica.* 6ª ed. Rio de Janeiro: Interamericana, 1984.

[7] Depressão. http://medicinasnaturais.blogspot.com/2007/11/depresso-o-que.html. Acessado em 18.11.07.

[8] Servan-Schreiber D. *Curar o stress, a ansiedade e a depressão sem medicamento nem psicanálise.* 25ª edição. São Paulo: Sá Editora, 2004.

[9] Babyak M, Blumenthal JA, Herman S, Khatri P, Doraiswamy M, Moore K, Craighead WE, Baldewicz TT, Krishnan KR. Exercise treatment for major depression: maintenance and therapeutic benefit at 10 months. *Psychosomatic Medicine* 62:633-638, 2000.

[10] Bjornebekk A. On antidepressant effects of running and SSRI: Focus on hippocampus and striatal dopamine pathways. Http://diss.kib.ki.se/2007/978-91-7357-246-0/. Acessado em: 07/05/08.

[11] Fremont J & Craighead LW. Aerobic exercise and cognitive therapy in the treatment of dysphoric moods. *Cognitive Therapy and Research,* 11(2):241-251, 1987.

[12] Blumenthal JA, Babyak MA, Moore KA, Craighead WE, Herman S, Khatri P, Waugh R, Napolitano MA, Forman LM, Appelbaum M, Doraiswamy PM, Krishnan KR. Effects of exercise training on older patients with major depression. *Archives International Medicine* 159(19):2349-56. Oct, 1999.

» Capítulo 8

[1] Paul McCartney. Wikipédia. http://pt.wikipedia.org/wiki/Paul_McCartney – Texto disponível on-line. Acessado em: 13.10.10.

[2] Guyton AC. *Tratado de fisiologia médica.* Rio de Janeiro: Interamericana, 1984.

[3] Caromano FA, Passarella J, Alves AMB, Cruz CMV, Candeloro JM. Efeitos de um programa de atividade física de baixa a moderada intensidade na água no desempenho físico e controle do nível de estresse em adultos jovens. *Arq. Ciência Saúde Unipar,* 7(1):jan./abr., 2003.

[4] Bittar ADS, Costa CC, Montini D, Souza DV, Lopes J, Bessa R, Bazo ML. Influência da intervenção ergonômica e o exercício físico no tratamento do estresse ocupacional. *Reabilitar.* 24(6):35-44, 2004.

[5] Ballone G. O preço da pressão e a sua repercussão no organismo. *Revista Veja.* Ed. 2037 – ano 40 – nº 48, p. 162-163. 05 dez. 2007. (contido na referência 11)

[6] Servan-Schreiber D. *Curar o stress, a ansiedade e a depressão sem medicamento nem psicanálise.* 25ª edição. São Paulo: Sá Editora, 2004.

[7] Servan-Schreiber D. *Anticâncer.* Rio de Janeiro: Objetiva, 2008.

[8] Bombana J. Depoimento prestado por ocasião da matéria "As doenças da emoção". *Revista Veja,* Ed. 2037 – ano 40 – nº 48, p. 165. 05 dez. 2007. (contido na referência 11)

[9] Matsukura TS, Marturano EM, Oishi J, Borasche G. Estresse e suporte social em mães de crianças com necessidades especiais. *Revista Brasileira de Educação Especial* – vol.13 – nº3 – set./dez., 2007.

[10] Sanches D. *Como o estresse afeta a mulher.* (Fontes: Almeida A, Borges CM, Borges Filho DM, Tucci L, Vasconcellos M). Artigo. Acessado em: 16.01.12 e disponível em www.terra.com.br/mulher/infograficos/mulher-estresse/

[11] Buchalla AP. As doenças da emoção. *Revista Veja.* Ed. 2037 – ano 40 – nº 48 – p. 160-168. 05 dez. 2007.

[12] Goldberg L & Elliot DL. *O poder de cura dos exercícios.* Rio de Janeiro: Campus, 2001.

» Capítulo 9

[1] Guyton AG. *Tratado de fisiologia médica.* 6ª ed. Rio de Janeiro: Interamericana, 1984.

Referências

[2] Goldberg M & Elliot DL. *O poder de cura dos exercícios*. Rio de Janeiro: Campus, 2001.

[3] Morais IJ, Rosa MTS, Rinaldi W. O treinamento de força e sua eficiência como meio de prevenção da osteoporose. *Arq. Ciência Saúde Unipar.* Umuarama, 9(2):129-134, maio/ago. – 2005.

[4] Rennó ACM, Driusso P, Ferreira V. Atividade física e osteoporose: uma revisão bibliográfica. *Fisioterapia em movimento.* XIII(2):49-54. Out/2000 – mar./2001.

[5] Plapler PG. Osteoporose e exercícios. *Rev. Hosp. Clín. Fac. Med. S. Paulo.* 52(3):163-170, 1997.

[6] Junqueira PAA, Fonseca AM, Bagnoli VR, Halbe HW, Pinotti JA. Tratamento não medicamentoso, profilático e prognóstico da osteoporose. *Rev. Ginec. & Obstet.*, 10(4):230-235, 1999.

[7] Optimal Calcium Intake. *NIH Consensus Statement* 1994 june 6-8. 12(4):1-31.

[8] Osteoporosis 1995 – Basic diagnosis and therapeutic elements for a "National Consensus Proposal". *São Paulo Med Journal* 113 (4-suppl):34-58, 1995.

[9] Weinberg M, Todeschini M, Salles C. (Fontes: Gregório LH, Castro ML, Barros TP). Esqueleto em forma/Campeões em cálcio/Combinações infelizes. *Revista Veja.* Ed. 2026 – ano 40 – nº 37 – 19/set./2007.

[10] Murray TM. Calcium Nutrition and osteoporosis. *Can Med Assoc J.* Oct 1, 155(7), 1996.

[11] Mrdjenovic G, Levitsky DA. Nutritional and energetic consequences of sweetened drink consumption in 6- to 13- year-old children. *Journal of Pediatrics,* 142(6):604-610, 2003.

[12] Tsanzi E, Light HR, Tou JC. The effect of feeding different sugar-sweetened beverages to growing female Sprague-Dawley rats on bone mass and strength. *Bone – Official Journal of the International Bone and Mineral Society.* 42(5):960-968, 2008.

[13] Soroko S, Holbrook TL, Edelstein S, Barret-Connor E. Lifetime milk consumption and bone mineral density in older women. *American Journal of Public Health,* 84(8):1319-1322, 1994.

14 Matsudo SM & Matsudo VKR. Prescrição e benefícios da atividade física na terceira idade. *Rev. Bras. Ciênc. Mov.*, 6(4):19-30, 1992.

15 Navega MT, Aveiro MC, Oishi J. Alongamento, caminhada e fortalecimento dos músculos da coxa: um programa de atividade física para mulheres com osteoporose. *Rev. Bras. Fisioter.* 7(3):261-267, 2003.

16 Castro ML, Plapler PG.(Fontes). O arsenal químico contra a osteoporose. *Revista Veja.* Ed. 2045 – ano 41 – nº 4. 30 de janeiro, 2008. (contido na referência 17)

17 Lopes AD. Ossos com vibrações positivas. revista *Veja.* Ed. 2045 – ano 41 – nº 4 – 30 de janeiro, 2008. p. 72-75.

18 Navega MT, Aveiro MC, Oishi J. A influência de um programa de atividade física na qualidade de vida de mulheres com osteoporose. *Fisioterapia em movimento.* 19(4):25-32. Out./dez., 2006.

19 Bankoff ADP, Zylberberg TP, Schiavon LM. A osteoporose nas mulheres pós-menopausa e a influência da atividade física: "uma análise de literatura". *Rev da Ed Física UEM*, 9(1):93-101, 1998.

» Capítulo 10

1 Gardner E, Gray DJ, O'Rahilly R. *Anatomia. Estudo regional do corpo humano.* Rio de Janeiro: Guanabara Koogan, 1978.

2 Goldberg L & Elliot DL. *O poder de cura dos exercícios.* Rio de Janeiro: Campus, 2001.

3 Arkie A & Baumann KG. Hérnia de disco lombar. *Rev Contra Relógio* – ano 15 – nº 162 – p. 22-26, março, 2007.

4 Arkie A & Baumann KG. Reduza os riscos de lombalgias e artroses. *Rev Contra Relógio* ano 15 – nº 166 – p. 70-72, julho, 2007.

5 Arkie A & Baumann KG. Disfunção sacro-ilíaca: frequente causa de dor nas costas. *Rev Contra Relógio* – ano 14 – nº 153 – p. 13-17, junho, 2006.

6 Moraes LC. Os cuidados com a coluna dos corredores. *Rev. Contra Relógio* – ano 15 – nº 165 – p. 46-51. junho, 2007.

Referências

[7] Weinberg M. Alívio para a coluna. Revista *Veja*. Ano 40 – nº 45 – p. 172-4 – 14/nov. 2007.

[8] Ferreira EA, Grunspun H, Sacco I, Wajchenberg M, Casarotto R. (fontes) Trabalho sem dor. Revista *Veja*. Ano 40 – nº 45 – p. 172-4 – 14/nov. 2007. (contido na referência 7)

[9] Bittar ADS, Costa CC, Montini D, Souza DV, Lopes J, Bessa R, Bazo ML. Influência da intervenção ergonômica e o exercício físico no tratamento do estresse ocupacional. *Reabilitar.* 24(6):35-44, 2004.

» Capítulo 11

[1] Yeng LT, Teixeira MJ, Barboza HFG. L.E.R. - Lesões por esforços repetitivos (Distúrbio Osteo-muscular Relacionado ao Trabalho "DORT"). *Anais do II Simpósio Multidisciplinar de Lesões por Esforços Repetitivos (D.O.R.T.)* – São Paulo – 1998.

[2] Yeng LT, Teixeira MJ, Barboza HFG. Fisiopatologia da dor em LER/DORT. *Anais do II Simpósio Multidisciplinar de Lesões por Esforços Repetitivos (D.O.R.T.)* – São Paulo – 1998.

[3] Gaigher Filho W & Melo SIL. LER/DORT. *A psicossomatização no processo de surgimento e agravamento*. São Paulo: LTr, 2001.

[4] Bittar ADS, Costa CC, Montini D, Souza DV, Lopes J, Bessa R, Bazo ML. Influência da intervenção ergonômica e o exercício físico no tratamento do estresse ocupacional. *Reabilitar.* 24(6):35-44, 2004.

» Capítulo 12

[1] Stoddard JL, Dent CW, Shames L, Bernstein L. Exercise training effects on premenstrual distress and ovarian steroid hormones. *Eur J Appl Physiol.*, 99:27-37, 2007.

[2] Bento J. *TPM sob controle*. São Paulo: Alaúde, 2009.

[3] TPM – a síndrome da mulher moderna. Artigo on line: www.natura.net/port/saude/art_tpm.htm. Acessado em: 20.7.2008.

[4] Ribeiro NC. *A semente da vitória*. 89ª ed. São Paulo: Senac, 2007.

[5] A TPM e os exercícios físicos. Artigo on line: wwwclubedatpm.com.br/TPM1.asp?id=58&nome_pagina=TPM1&tipo_pagina=noticias. Acessado em 20.7.2008.

[6] Guyton AG. *Tratado de fisiologia médica*. 6ª ed. Rio de Janeiro: Interamericana, 1984.

[7] Aganoff J A, Boyle GJ. Aerobic exercise, mood states and menstrual cycle symptoms. *Journal of Psychosomatic Research*. 38(3):183-192, 1994.

[8] Buchalla AP. Eu te amo. Eu te odeio. Você não me entende. Revista *Veja*. Ed. 2071 – ano 41 – nº 30. 30/julho, 2008.

» Capítulo 13

[1] Buchalla AP. Brasil, o país da dor de cabeça. Revista *Veja*. Ed. 2062 – ano 41 – nº 21- 28/maio/2008.

[2] Susanna Junior R. *Glaucoma*. Rio de Janeiro: Cultura Médica; São Paulo: CIBA Vision: CBO, 1999.

[3] Goldberg L & Elliot DL. *O poder de cura dos exercícios*. Rio de Janeiro: Campus, 2001.

[4] Seddon JM, George S, Rosner B. Cigarette smoking, fish comsumption, omega-3 fatty acid intake, and association with age-related macular degeneration: the US Twin Study of Age-Related Macular Degeneration.. *Arch Ophthalmol*. 124(7):995-1001, Jul./ 2006.

[5] Khan JC, Thurlby DA, Shahid H, Clayton DG, Yates JRW, Bradley M, Moore AT, Bird AC. Smoking and age related macular degeneration: the number of pack years of cigarette smoking is a major determinant of risk for both geographic atrophy and choroidal neovascularisation. *Br. J. Ophthalmol*. 90:75-80, 2006.

Referências

[6] Wu R, Wang JJ, Mitchel P, Lamourex EL, Zheng Y, Roctchina E, Tan AG, Wong TY. Somking, socioeconomic factors, and age-related cataract: The Singapore Malay Eye study. *Arch. Ophthalmol.* 128(8):1029-1035, 2010.

[7] Sulochana KN, Punithan R, Ramakrishnan S. Effect of cigarette smoking on cataract: antioxidant exzymes and constituent minerals in the lens and blood of humans. *Indian Journal of Pharmacology.* 34(6):428-431, 2002.

[8] Zigmond M. Exercise and Parkinson's disease: evidence for efficacy from cellular and animal studies. SPRING (Special Research Interest Group)/Parkinson's Disease Society. Http://spring.parkinsons.org.uk/images/stories/ExerConf/ExConfMZ.pdf. Acessado em: 07.09.2010.

[9] Estrogen & heart disease (article on line). Reviwed by Dr. Cho from Cleveland Clinic. Http://my.clevelandclinic.org/heart/women/estrogen.aspx. Acessado em: 07.09.2010.

[10] Genazzani AR. Psychological symptoms. *The menopause web reference.* Http://www.womanlab.com/english/professionals/menopausalIssues10.htm last review in 26.02.2003. Acessado em: 07.09.2010.

[11] Guyton AG. *Tratado de Fisiologia Médica.* 6ª ed. Rio de Janeiro: Interamericana, 1984.

» Capítulo 14

[1] Ribeiro NC. *A semente da vitória.* 68ª ed. São Paulo: Senac, 2004.

[2] Castell GS & Sagnier LB. *Larousse da dieta e da nutrição.* São Paulo: Larousse do Brasil, 2004.

[3] Buchalla AP. Você é o que você come. Revista *Veja.* Ed. 2058 – ano 41 – nº 17. 30/abr.2008.

[4] Tabela de minerais contida na referência nº 2, cuja fonte é *Recommended Dietary Allowances,* 1989 e *RGNutri.*

[5] Tabela de vitaminas contida na referência nº 2, cuja fonte é *RGNutri*.

[6] Greer R & Woodward R. *Receitas de saúde. Os efeitos saudáveis dos antioxidantes naturais.* São Paulo: Angra, 1997.

[7] A pirâmide alimentar de cabeça para baixo (autor não especificado; responsável pela sessão de nutrição da revista: Larosa, G). *Revista Contra Relógio.* Ano 14 – nº 154 – p. 20-24 – jul/2006.

[8] Goldberg L & Elliot DL. *O poder de cura dos exercícios: seu guia para prevenir e tratar diabetes, depressão, artrite, pressão alta.* Rio de Janeiro: Campus, 2001.

[9] Guyton, AC. *Tratado de fisiologia médica.* 6ª ed. Rio de Janeiro: Interamericana, 1984.

» Capítulo 15

[1] Sabino M. Sou o Jararaca. Entrevista concedida por Raduan Nassar a Mario Sabino. Revista *Veja*. 30.07.97.

[2] Ribeiro NC. *A semente da vitória.* 68ª ed. São Paulo: Senac, 2004.

[3] Rizzo GNV. *Vamos Dormir?* Rio Grande do Sul: Unisinos, 2004.

[4] Zakabi R. N. Não perca o sono. Revista *Veja*. Ed. 1821 – ano 36 – nº 38, 102-109. 24/set. 2003.

[5] Todeschini M. Dormir para aprender. Revista *Veja*. Ed. 2035 – ano 40 – nº 46 – p. 98-106. 21/nov. 2007.

[6] Magalhães N. Muito além da sonolência. Revista *Veja*. Ed. 2128 – ano 42 – nº 35 – p. 114-116. 02/set. 2009.

[7] Poyares D. Dorme-se cada vez menos! *Encarte Momento Saúde Itaú--Unibanco* – Março/2010.

[8] Magalhães N. Regime, ginástica e cama. A falta de sono adequado é, definitivamente, um fator de risco isolado para o ganho de peso. Revista *Veja* – ano 43 – nº 42 – 20/out.2010.

REFERÊNCIAS

» Capítulo 16

[1] Puppin S. Autor do Prefácio do Livro *Açúcar o perigo doce*. De Fernando Carvalho. São Paulo: Alaúde, 2010.

[2] Bergamo G, Neiva P. Açúcar – o perigo branco. Revista *Veja*. Ed. 1971 – ano 39 - nº 34. 30 de agosto, 2006.

[3] Appleton N. Sugar Addiction. Why an addiction to sugar may be hurting you more than you realize... Artigo disponível on-line em www.fitfaq.com/sugar-addiction.html. Acessado em: 30.09.10.

[4] Trucom C. Açúcar x Saúde – parte 1: você sabe o que é sacarose? Artigo disponível on-line em www.docelimao.com.br. Acessado em: 31.05.09.

[5] Peppa M, Uribarri J, Vlassara H. Glucose, Advanced Glycation End Products, and Diabetes Complications: what is new and what works. *Clinical Diabetes* (from American Diabetes Association). Artigo disponível on line e acessado em 29.09.10 http://clinical.diabetesjournals.org/content/21/4/186.full

[6] Schulze MB, Manson JE, Ludwig DS, Colditz GA, Stampfer MJ, Willett WC, Hu FB. Sugar-sweetened beverages, weight gain, and incidence of type 2 diabetes in young and middle-aged women. *JAMA*, 292(8):927-934, 2004.

[7] Carvalho F. *Açúcar o perigo doce*. São Paulo: Alaúde, 2010.

[8] Assaly V. Caramelização/Oxidação: duas teorias se cruzam no universo das patologias degenerativas crônicas. *J. Biomolec. Med. Free Radic.* 3(2):46-48, 1997.

[9] Guyton AG. *Tratado de fisiologia médica*. 6ª ed. Rio de Janeiro: Interamericana, 1984.

[10] Mrdjenovic G, Levitsky DA. Nutritional and energetic consequences of sweetened drink consumption in 6- to 13- year-old children. *Journal of Pediatrics*, 142(6):604-610, 2003.

[11] Tsanzi E, Light HR, Tou JC. The effect of feeding different sugar-sweetened beverages to growing female Sprague-Dawley rats on bone mass

and strength. *Bone – Official Journal of the International Bone and Mineral Society.* 42(5):960-968, 2008.

[12] Bostick RM, Potter JD, Kushi LH, Sellers TA, Steinmetz KA, McKenzie DR, Gapstur SM, Folsom AR. Sugar, meat, and fat intake, and non--dietary risk factors for colon cancer incidence in Iowa women (United States). *Cancer Causes and Control.* 5(1):38-52, 1994.

[13] Hu FB, Manson JE, Liu S, Hunter D, Colditz GA, Michels KB, Speizer FE, Giovannucci E. Prospective study of adult onset diabetes mellitus (type 2) and risk of colorectal cancer in women. *Journal of the National Cancer Institute.* 91(6):542-547, 1999.

[14] Michaud DS, Fuchs CS, Liu S, Willett WC, Colditz GA, Giovannucci E. Dietary glycemic load, carbohydrate, sugar, and colorectal cancer risk in men and women. *Cancer Epidemiology, Biomarkers & Prevention.* 14(1):138-47. Jan., 2005.

[15] Servan-Schreiber D. *Anticâncer: prevenir e vencer usando nossas defesas naturais.* Rio de Janeiro: Objetiva, 2008.

[16] Fukuda Y. Glicemia, insulinemia e patologia da orelha interna. *Tese apresentada à UNIFESP – Escola Paulista de Medicina para obtenção do grau de doutor.* São Paulo – 1982.

[17] Saalfield S, Jackson-Allen P. Biopsychosocial consequences of sweetened drink consumption in children 0-6 years of age. *Pediatric Nursing,* 32(5):460-471. Sept./Oct., 2006.

[18] Ludwig DS, Peterson KE, Gortmaker SL. Relation between consumption of sugar-sweetened drinks and childhood obesity: a prospective, observational analysis. *Lancet,* 357(9255):505-508, 2001.

[19] Castell GS & Sagnier LB. *Larousse da dieta e da nutrição.* São Paulo: Larousse do Brasil, 2004.

[20] Soroko S, Holbrook TL, Edelstein S, Barret-Connor E. Lifetime milk consumption and bone mineral density in older women. *American Journal of Public Health,* 84(8):1319-1322, 1994.

[21] Appleton N, Jacobs GN. 141 Reasons Sugar Ruins Your Health. Disponível on-line em http://nancyappleton.com/141-reasons-sugar-ruins-your-health/. Acessado em: 07.10.10.

[22] Atkins RC. *A dieta revolucionária do dr. Atkins.* Rio de Janeiro: Artenova, 1977.

» Capítulo 17

[1] Ambrosi P. *Colesterol.* São Paulo: Larousse do Brasil, 2006.

[2] Goldberg L & Elliot DL. *O poder de cura dos exercícios: seu guia para prevenir e tratar diabetes, depressão, artrite, pressão alta.* Rio de Janeiro: Campus, 2001.

[3] Ribeiro NC. *A semente da vitória.* 89ª ed. São Paulo: Senac, 2007.

[4] Guyton AC. *Tratado de fisiologia médica.* 6ª ed. Rio de Janeiro: Interamericana, 1984.

[5] Gordura Trans – Perguntas e respostas. Disponível on-line em http://veja.abril.com.br/idade/exclusivo/perguntas_respostas/gordura-trans/index.shtml. Acessado em: 11.10.10.

[6] Matos AFG, Moreira RO, Guedes EP. Aspectos neuroendócrinos da síndrome metabólica. *Arquivos Brasileiros de Endocrinologia & Metabologia.* 47(4), 2003. Artigo disponível on-line. Acessado em: 12.10.10. http://www.scielo.br/scielo.php?pid=S0004-27302003000400013&script=sci_arttext

» Capítulo 18

[1] Ringo Starr. Wikipédia – a enciclopédia livre. Texto disponível on-line e acessado em 13.10.10. http//pt.wikipedia.org/wiki/Ringo_Starr

[2] Lachtermacher R. Depoimento contido no artigo "O álcool nas corridas. Use-o a seu favor" (autor: Dederich M). Revista *Contra Relógio* – ano 15 – nº 166 – jul./2007.

[3] Álcool: Consumo e Relação com o Câncer. Artigo disponível on-line e acessado em 15.02.09. www.inca.gov.br/conteudo_view.asp?ID=14 (Ministério da Saúde)

[4] Figlie NB. Depoimento contido no artigo "O álcool nas corridas. Use-o a seu favor" (autor: Dederich M). Revista *Contra Relógio* – ano 15 – nº 166 – jul./2007.

[5] Guyton AG. *Tratado de Fisiologia Médica*. 6ª ed. Rio de Janeiro: Interamericana, 1984.

[6] Dederich M. O álcool nas corridas. Use-o a seu favor. Revista *Contra Relógio* – ano 15 – nº 166 – jul./2007.

[7] Varella D. Alcoolismo. Artigo disponível on-line e acessado em 30.01.12. http://drauziovarella.com.br/dependencia-quimica/alcoolismo/alcoolismo

[8] Paul CA, Au R, Fredman L, Massaro JM, Seshadri S, Decarli C, Wolf PA. Association of Alcohol Consumption With Brain Volume in the Framingham Study. *Archives of Neurology.* 65(10):1363-67, 2008.

[9] Kril JJ, Halliday GM. Brain shrinkage in alcoholics: a decade on and what have we learned? *Progress in Neurobiology.* 58(4):381-87, 1999.

[10] Marot R. Alcoolismo. Artigo disponível on-line e acessado em 15.02.09. http://www.psicosite.com.br/tra/drg/alcoolismo.htm

[11] Álcool X Organismo. Artigo disponível on-line e acessado em 07.09.08. http://virtual.epm.br/material/tis/curr-bio/trab99/alcool/alcoolorganismo/htm

[12] Dantas RO. Tempo de alcoolismo no desenvolvimento de doenças orgânicas em mulheres tratadas no Hospital das Clínicas de Ribeirão Preto, SP, Brasil. *Revista de Saúde Pública.* 19:304-10, 1985.

[13] Campos S. Alcoolismo/Álcool. Artigo disponível on-line e acessado em 15.02.09. http://www.drashirleydecampos.com.br/noticias/8106

[14] Alexandre J. Os efeitos deletérios do álcool: uma abordagem neuroanatomofuncional. Monografia disponível on-line e acessada em 15.02.09. www.edumed.org.br/cursos/neurociencia/01/Monografias/alcool--alexandre.doc

[15] Hufford MR. Alcohol and suicidal behavior. *Clinical Psychology Review.* 21(5):797-811, Jul./2001.

[16] Secretaria dos Transportes do Estado de São Paulo. Se beber não dirija – Programa Zero Álcool. Folheto distribuído nos pedágios da Via Oeste – sistema CCR – em campanha contra a embriaguez, feita pela Via Oeste. Carnaval, 2009.

[17] Barros Neto TL. Depoimento contido no artigo "O álcool nas corridas. Use-o a seu favor" (autor: Dederich M). Revista *Contra Relógio* – ano 15 – nº 166 – jul./2007.

[18] Flavonoide. Fonte:http://pt.wikipedia.org/wiki/Flavonoide. Acessado em: 30.01.12

[19] Sautter CK, Denardin S, Alves AO, Mallman CA, Penna NG, Hecktheuer LH. Determinação de resveratrol em sucos de uva no Brasil. Artigo disponível on-line e acessado em 30.01.12. www.scielo.br/scielo.php?script=sci_arttex&pid=S0101-20612005000300008

[20] Romanini C. Um brinde à vida longa. Revista *Veja* – ano 43 – nº 42 – p. 86-92.

» Capítulo 19

[1] Dederich M. Entrevista com Drauzio Varella. Revista *Contra Relógio* – ano 15 – nº 161 – p. 50-53 – fev./2007.

[2] Dederich M. Quer (mesmo) parar de fumar? Correr ajuda (e muito)! Revista *Contra Relógio* – ano 15 – nº 168 – p. 30-36 – set./2007.

[3] Moura LA. Da inocente tragada ao vício, o caminho do consumo de cigarro entre os adolescentes mostra a necessidade de uma campanha específica. Revista *Conhecer Fantástico* – ano 2 – nº 29 – p. 34-37.

[4] Lopes AD, Buchalla AP, Magalhães N. Um raio X da saúde dos brasileiros. *Revista Veja* – ano 41 – nº 9 – 05.03.2008.

[5] Wald NJ, Hackshaw AK. Cigarrette smoking: an epidemiological overview. *British Medical Bulletin.* 52(1):3-11, 1996.

[6] Moura LA, Ribeiro P. Perigo à vista. O cigarro é um passaporte para adquirir várias doenças do coração, câncer e outras enfermidades. Veja como ele age em homens e mulheres. Revista *Conhecer Fantástico* – ano 2 – nº 29 – p. 19-25.

[7] Fumo. Texto publicado no site http://naoasdrogas.tripod.com/id17.html. Fonte: *Revista Documento Verdade*, ano 1, nº 3, p. 32. Editora Escala. Acessado em: 19.07.08.

[8] Fumar ou viver? Texto publicado no site www.tdnet.com.br/gearn/Fumar%20ou%20viver.htm. Acessado em 19.07.08. Fonte: Revista *Saúde*.

[9] Três boas razões para você parar de fumar agora. Texto publicado no site www.idec.org.br/noticia em 12.05.08 por ocasião do Dia Mundial Sem Tabac. Acessado em: 20.07.08. Fonte: Envolverde.

[10] Ribeiro P. O prazer que pode matar. Revista *Conhecer Fantástico* – ano 2 – nº 29 – p. 4-9.

[11] Composição do cigarro. Publicado no sitewww.naofumantes.com.br/cigarrocompo.htm. Acessado em: 18.10.10.

[12] Farmacodinâmica e efeitos da nicotina sobre os diversos sistemas. Publicado no site http://www.fisiologia.kit.net/farmacologia/nic.htm. Acessado em: 16.10.10.

[13] Fumo. Texto publicado no site http://naoasdrogas.tripod.com/id17.html. Fonte: Jornal Ação – APOT. Acessado em: 19.07.08.

[14] Ueno J. Tabagismo X fertilidade. Depoimento contido no artigo "Três boas razões para você parar de fumar agora", publicado no site www.idec.org.br/noticia em 12.05.08 por ocasião do Dia Mundial Sem Tabaco. Acessado em: 20.07.08.

[15] Neiva P. Largue logo esse vício. *Revista Veja* – ano 40 – nº 30 – 01.08.07.

[16] Fumo. Efeitos sobre os vasos sanguíneos e sobre o coração. Texto publicado no site http://www.mp.rj.gov.br/portal/page?_pageid=577,3857159&_dad=portal&_schema=PORTAL-32K. Acessado em: 19.07.08.

Referências

[17] O mal do fumo. Texto publicado no site http://www.studiomel.com/63.html

[18] Fumo: um fator de risco para disfunção erétil. Texto publicado no site http://www.portaldasexualidade.com.br/Interna.aspx?id_conteudo=351&id_secao=125&id_item_secao=11. Acessado em: 19.07.08.

[19] Penteado R. Tabagismo X aparência. Item contido no artigo "Três boas razões para você parar de fumar agora", publicado no site www.idec.org.br/noticia em 12.05.08 por ocasião do Dia Mundial Sem Tabaco. Acessado em: 20.07.08.

[20] Centurion V. Tabagismo X problemas de visão. Item contido no artigo "Três boas razões para você parar de fumar agora", publicado no site www.idec.org.br/noticia em 12.05.08 por ocasião do Dia Mundial Sem Tabaco. Acessado em: 20.07.08.

[21] Chari R, Lonergan KM, Ng RT, MacAulay C, Lam WL, Lam S. Effect of active smoking on the human bronchial epithelium transcriptome. *BMC Genomics,* 8:297. Aug. 29, 2007.

[22] Fumante que usa pílula tem mais risco de infarto. Texto publicado no site http://www.diarioon.com.br/arquivo/4881/cadernos/viver-21797.htm. Acessado em: 19.07.08.

[23] Presse DF. Pílulas anticoncepcionais podem aumentar risco de infarto e derrame. Texto publicado no site http://pt.shvoong.com/medicine-and--health/1706426-p%C3%ADlulas-anticoncepcionais. Acessado em: 19.07.08.

[24] Frieden T. Trecho da entrevista concedida a André Petry (Nova York). Revista *Veja* – ano 42 – nº 47 – p. 166 – 25.11.2009.

[25] Moura LA. Como parar de fumar. Revista *Conhecer Fantástico* – ano 2 – nº 29 – p. 39-46.

[26] Sardinha A. Depoimento contido no artigo "Quer (mesmo) parar de fumar? Correr ajuda (e muito)!" – autor Dederich M. *Revista Contra Relógio* – ano 15 – nº 168 – p. 33 – set. 2007.

[27] Andrade C. Por que a corrida ajuda a parar de fumar naturalmente? *Revista Contra Relógio.* Ano 14 – nº 153 – jun., 2006.

28 Koda A - Ana Luiza, a Animal: do submundo ao paraíso. Texto publicado no site www.webrun.com.br/home/conteudo/noticias/index/id/5966. Acessado em: 04.01.2007.

» Capítulo 20

[1] Walter Bortz – Wikipedia. http://en.wikipedia.org/wiki/Walter_Bortz_II. Texto disponível on-line. Acessado em: 30.06.11.

[2] http://walterbortz.com. Acessado em: 30.06.11.

[3] http://walterbortz.com/library.php. Acessado em: 30.01.12.

[4] Bortz II WM. Disuse and Aging. *JAMA,* 248(10):1203-1208, 1982.

[5] Bortz W. Increase your Bore. *Diabetes Wellness Letter.* Vol.1, n°1, p. 4.

[6] Wiley D, Bortz II WM. Sexuality and Aging. Usual and successfull. *Journal of Gerontology: Medical Sciences.* 1(3):M142-146, 1996.

[7] Bortz II WM. Running as Armor. A fit lifestyle serves to modulate the aging process. *Marathon & Beyond,* p. 60-65. Jan./Feb., 2006.

[8] Pastore K, Neiva P, Caires Andreia. Saúde – *Veja Edição Especial* – n° 20 – ano 35 – nov./2002.

[9] Klintowitz J, Souza O, Neiva P, Romanini C, Carelli G, Ming L, Beguoci L, Narloch L, Moraes R. Longevidade. Como viver mais e melhor. *Revista Veja* – ano 42 – n° 28 – p. 62-118 – 15/jul./2009.

[10] Venturoli T. Mais velhos, porém mais jovens. // Por que ficamos velhos. *Revista Veja* – ano 42 – n° 1 – p. 68-77 – 7/jan./2009.

[11] Magalhães N. Como ganhar mais 15 anos de (boa) vida. Revista *Veja* – ano 42 – n° 1 – p. 78-81 -- 7/jan./2009.

[12] Galvão S. Escuta essa. A poluição sonora rouba sua qualidade de vida. *Revista Viva Saúde* – p. 12-18 – abril, 2006.

[13] Keller C. Vuvuzela causa mais danos à saúde que motosserra e helicóptero. Com depoimento do doutor Bruno Borges de Carvalho

(Otorrinolaringologista – UNIFESP) e do engenheiro especialista em acústica Hamilton Tambelini. Reportagem exibida pela Rede Record de TV em 11 de junho de 2010 e disponível no portal http://noticias.r7.com/saude/noticias/vuvuzela-causa-mais-danos-a-saude-que-motoserra-e-helicoptero-20100611.html.

[14] Neiva P. A mágica do dr. Oz. Entrevista com o doutor Mehmet Oz. *Revista Veja*. Ano 40 – nº 48 – p. 11-17 – 5/dez./2007.

[15] Mariz J. 10 mitos da vida longa. *Revista Veja*. Ano 44 – nº 24 – p. 152-155. 15/jun./2011.

» Capítulo 21

[1] História da Maratona. http://pt.wikipedia.org/wiki/Maratona – acessado em 27.11.11.

[2] www.saosilvestre.com.br. Acessado em: 09.01.05.

[3] Achoa Y. Cuide bem do seu pneu. Artigo disponível em http://runnersworld.abril.com.br/materias/tenis/. Acessado em: 27.11.11.

[4] Ortiz M. Depoimento prestado à Yara Achôa na reportagem referida no item 3.

[5] Ribeiro NC. *A semente da vitória*. 89ª ed. São Paulo: Senac, 2007.

[6] Goldberg L & Elliot DL. *O poder de cura dos exercícios*. Rio de Janeiro: Campus, 2001.

[7] Achôa Y. Afinal, caminhar serve para alguma coisa? *Revista Contra Relógio*. Ano 15, nº 168, p. 68-70. Setembro/2007.

[8] Ortiz M. Depoimento prestado à Yara Achôa na reportagem referida no item 7.

Este livro foi composto em Adobe Garamond Pro para a Editora Prumo Ltda.
e impresso pela Orgrafic Gráfica e Editora Ltda.